さようならが
くるまえに

認知症ケアの現場から

はじめに

大切な人が認知症になってしまったら、あなたはその事実を受け入れることができますか？

認知症と聞くと、心のどこかでまだ自分には関係ないものと感じている方が多いのではないでしょうか。もちろん、歳《とし》を取っても認知症にならない方はいらっしゃいます。

しかし、老いはたとえ誰であっても平等にやってきます。そして、それは突然やってくることもあるのです。

私は理学療法士として医療の世界に飛び込み、そこで出会った様々な患者さん、特に高齢者の方々と触れ合う中で、身体《からだ》のことだけではなく、頭の中にこそ目を向けていくべきだと考えるようになりました。

そこから認知症の世界に深く関わるようになり、現在では、株式会社Ｒｅ学

（りがく）の代表として、熊本県を拠点に、病院や施設における認知症予防や認知症ケアの実践に取り組んだり、地域福祉政策に携わりながら各地で講演を行ったりしています。

私の講演会では「介護をする前に知っておきたかった」という感想が、数多く寄せられます。認知症は、どうしても症状ばかりに目がいきがちですが、そのような表面的な部分に囚《とら》われてしまうと、認知症のケアはうまくいきません。たとえ同じタイプの認知症と診断がついたとしても、症状の程度は人によって全く異なります。

認知症のケアで大事なことは、症状そのものではなく、その方の人生に耳を傾けること。つまり人間力を磨き、人と人との関係性を構築することです。認知症とうまく付き合っていくためには、難しい医学的な知識よりも、認知症の方の思いを理解することが遥《はる》かに重要なのです。

認知症のこと、本人の思いを知っていれば、もっと優しくできたのになと、後悔する方が本当に多いです。私はそんな人を一人でもなくしたいと思い、これまで経験してきた様々なエピソードを一冊の本にしたためました。

タイトル『さようならがくるまえに　認知症ケアの現場から』には、いつか必ずやってくる大切な方との最後のお別れのときに、あなたが笑ってさようならが言えるように、少しも思い残すことなく穏やかな心でいられるように、その準備を今からでもしてほしいという思いを込めてつけました。そのいつかとは、明日やってくるかもしれないのです。

家族の介護をされている方や、少し物忘れが出てきた方はもちろんのこと、認知症なんてまだまだ自分には関係ないと思っている人にこそ、本書を手に取っていただきたいです。認知症を他人事《ひとごと》から自分事へとらえるための始まりの一冊にぴったりだと思います。

初めての介護を完璧にこなすのは不可能に近いです。上手にやらなくてもいい、好ましいケアからスタートしてお互いの不安を減らしていくことが第一歩です。

そのためには認知症のことを学ぶしかありません。

医者だって、大学で6年間学んで研修を経てようやく患者さんを診ることができるのです。皆さんは、この学ぶというステップを経ないままに、いきなり介護という実践の舞台に放り込まれてしまうから、大いに戸惑い、そして悩んでしまうのです。

そのように無理していばらの道を突き進む必要はありません。知識を身につけて、ベースをつくることができると、その後の介護がとても楽になっていくのです。

まだ認知症のケアを経験していない方にとっては、未来の擬似体験ができるように、そして、実際に介護をしている方にとっては、ご自身の経験とリンクして今後に活かしていただけるような、そんな一冊になっています。

時期の早い遅いはありますが、私たちはいつかやってくる老いに備えることが大切です。

防災ではなく減災のように、本書が皆さんにとって、認知症ケアの失敗を少なくするためのヒントになれば幸いです。

川畑　智

本書では、プライバシー保護のため、名前は全て仮名を用いています。
また、個人が特定されないよう、内容には大きな変化をきたさない範囲でフィクションを加えています。

もくじ

私の原点

私の中で高齢者の方は、とても気遣い上手で優しい素敵な人というイメージがある。

そう思うようになったのは、幼い頃のひいばあちゃんとの触れ合いがきっかけである。40年経《た》ってもなお色褪《あ》せない記憶。それが今、理学療法士として働く私の大きな拠《よ》りどころとなっている。

私は、ひいばあちゃんっこだった。

私の両親は、隠居《いんきょ》生活をしていたひいばあちゃんのことを『隠居んばあちゃん』と呼んでいたのだが、幼かった私の頭には、『いんきょんばあちゃん』と音のみでインプットされ、それが名前だと思っていた。いんきょんばあちゃんは、私に惜しみない愛情をたくさん注いでくれた。そして、決して忘れることのできない、かけがえのない思い出をたくさん残してくれた。

4歳くらいの頃、自宅の近くにあるいんきょんばあちゃんの家に、私は毎日のように遊びに行っていた。いんきょんばあちゃんは当時85歳を越えていたが、とてもしっかりしていて、わんぱくな私の面倒をよく見てくれていた。

いんきょんばあちゃんの家は、近所のおじいちゃんやおばあちゃんたちがふらりと立ち寄る、ある種のサロンのようになっていた。みんな庭を通り縁側にやってきて、「今日はお団子を買ってきたわよ」と言いながら、15時のおやつどきには、どこからともなく集合するのが決まりのようになっていた。そしていんきょんばあちゃんは、訪れた客人に嬉《うれ》しそうにお茶を振る舞うのだった。

そんな80代のおじいちゃんやおばあちゃんたちのグループの中に、幼い私が一人ポツンといたので、みんな私をとても可愛《かわい》がってくれた。

そんな私は、縁側サロンで繰り広げられる会話によく聞き耳を立てていたのだが、どうにも会話が通じていないときがあった。いや、噛《か》み合ってはいないけれど、なぜだか話は通じてどんどん進んでいく、と表現した方が正確かもしれない。そんなちょっと摩訶《まか》不思議な世界に触れることができて、私はおとぎ話の世界に迷い込んだかのような気分に浸っていた。

けどごくまれに、「あん人はなんていっちょるか分からんな」と言う声が聞こえてくることもあったので、そんなときは私が間に入って、会話の通訳係を一生懸命担《にな》うのだった。

今になって思うと、あえてそんな役割を率先して担うことで、幼い自分自身の居場所をつくっていたのかもしれない。

縁側サロンには、とても優しい、ゆったりとした時間が流れていた。柔らかく穏やかな雰囲気が、その社交場に溢《あふ》れていたのだ。

あるとき、夏の暑い日差しを避けながら、いんきょんばあちゃんと私は、田舎道を散歩していた。セミを追いかけたりアイスを食べたり、たくさん寄り道をしながら、私は夏休みの一コマを満喫していた。

１㎞くらいある散歩道の中ほどまで来た頃だろうか、どこからともなくぷーんと田舎らしい臭いが漂ってきた。「ばあちゃん、この臭いはなんね？」と聞くと、「智《さとし》。ここにはな、牛さんがおるのよ」と教えてくれた。動物が大好きだった私の心は弾み、目が大きく見開いた。そんな私の様子を察したのか、いんきょんばあちゃんは「牛さんをのぞいてみよかね」と、私を牛小屋の方に連れて行ってくれた。それからというもの、散歩に出て牛を見るのが私たちの日課となった。

私は、牛が水を飲んだり草を食べたりしている様子をただじっと眺めているだけだったが、いんきょんばあちゃんはその様子を温かく見守ってくれていた。そして優しい笑みを浮かべながら、「智は、ほんとに牛さんが好きね。牛さんも、毎日智に会えて嬉しそうにしちょる」と言って、私が満足するまでずっと待ってくれていた。小さな牛小屋での思い出は、私にとって大きな宝物となったのだ。

そこから10年が経過した。私は高校生になり、いんきょんばあちゃんは96歳になっていた。昔は元気だったいんきょんばあちゃんも、ついには病気になってしまった。大きな病院へ入院することになり、お見舞いに行くたびに、「智は肉がついて大きくなった。お腹はすいていないか。自転車の運転に気を付けて。勉強も頑張れ。お土産は何かなかったかね」と私のことを一番に気遣い、自分の身体の不調なんて一言も言わなかった。

随分と調子が悪くなってからは、いんきょんばあちゃんと会話ができなくなったことがもちろん悲しかったが、それ以上に、痩《や》せた身体にたくさんの管がつながれている姿を見るのが本当に辛《つら》かった。

幼い頃、温かく私を包み込んでくれたいんきょんばあちゃんは、私を置いてもう手の届かない遠いところへ行ってしまうのだろうか。当時の私には、ただ祈ることしかできなかった。

そして、とうとうきてほしくない瞬間がやってきてしまった。

病院から、いんきょんばあちゃんがもってあと数日かもしれないという連絡を受け、すぐさま病室に駆けつけた。親戚みんなで見守る中、私たちの祈りが天に通じたのだろうか。いんきょんばあちゃんは一瞬意識を取り戻し、私は目が合ったような気がした。

いんきょんばあちゃんは、たとえわずかであっても身体を動かすのはキツいはずなのに、両手の人差し指を立てて、それを頭の上にゆっくりと持ち上げた。そのポーズだけで、いんきょんばあちゃんが何を伝えようとしているのか、すぐに答えが分かった。

「智は、ほんとに牛さんが好きやったね」と言う声が、私の頭に聞こえてきた。十数年前、いんきょんばあちゃんと過ごしたあの楽しかった夏の日が、突然目の前にフラッシュバックした。

96年という長い長い人生の終わりを迎えようとしているこの瞬間まで、いんきょんばあちゃんは幼い私と過ごした思い出を大事に取っておいてくれていた。走馬灯《そうまとう》のように駆け巡っていく映像の中で、最後のピースの埋め合わせとして、いんきょんばあちゃんは牛小屋で過ごしたあの懐かしい日々を選んでくれたのだ。

あぁ、いんきょんばあちゃんは、最後の最後まで私のことを愛してくれていたんだなぁ。本当に優しいばあちゃんだった。本当に素敵なばあちゃんだった。いんきょんばあちゃんの愛情に対する嬉しさと、いなくなってしまうことへの寂しさの感情がないまぜとなり、私の目からは自然と涙がこぼれ落ちていた。

この病室でのやりとりが最後の別れとなり、いんきょんばあちゃんは安らかに旅立った。私に愛情という最高のギフトを残して。

いんきょんばあちゃんをはじめ、私が子ども時代に接してきた高齢者の方々は、私にとって偉大な存在だった。

これまでの人生の中で、おじいちゃんやおばあちゃんたちを間近に見てきた私は、彼らをもっと笑顔にしたいという思いが、いつの間にかどんどん大きくなっていった。私が理学療法士の道を選んだのは、彼らに良い人生だったなぁ、楽しかったなぁ、と思ってほしいと願ったからである。

なぜなら、おじいちゃんやおばあちゃんたちの多くは戦争を経験している世代であり、みんな青春を充分に謳歌《おうか》できなかったからだ。時代に翻弄されながらも、一生懸命自分を堪《こら》えて生活してきた。そして戦争が終わってようやく自由になれたのに、今度は再び生と死に向き合うフェーズに突入してしまった。

おじいちゃんやおばあちゃんたちを元気にしたい、もっと言うと、たとえ心や身体が弱ってしまったとしても、少しずつ元気になって笑顔になってほしい。

それが私の心からの願いであり、理学療法士として働く原点である。

最愛の人との最上の別れ方

私が理学療法士を目指して専門学校で勉強に励んでいる頃、じいちゃんが認知症になった。

私の出身は宮崎。今でこそ宮崎はマンゴーが有名だけれど、じいちゃんは日向夏《ひゅうがなつ》をつくるみかん農家だった。実は、日向夏を始めたのがうちの一族で、じいちゃんは宮崎ではちょっとした有名人だった。今世の中に日向夏があるのは、じいちゃんのおかげであるということが、私の密《ひそ》かな自慢である。

そんなじいちゃんも、認知症になってしまって最後はかなり大変だった。正直に言うと、初めの頃は認知症だと気づかなかった。歳のせいかな？　というちょっとした物忘れから始まったのだった。

居間でくつろいでいると、「どけやったかねえ」「どけ置いたかねえ」と遠くからじいちゃんの大きめの独り言が聞こえていたが、ついには「おーい智」「じいちゃんの眼鏡《めがね》は知らんか？」と名指しで私を呼ぶ声がした。じいちゃんの方を見ると、探しているはずの眼鏡が頭の上にちょこんとのっかっていた。「じいちゃん、上じゃが、上」と伝えたら、じいちゃんは、「そーかそーか」と言って2階に上がって行った。しばらくすると下りてきて、「智、2階にはねえがよ」と困った顔で訴えてきた。「じいちゃん、上は上でも頭の上じゃが」と、指で指すと、「あら、こけ（ここに）あったか」と、なんだか下手なコントをしている気分で、二人で顔を見合わせて大笑いした。

しかし、「誰が置いたかね？」というじいちゃんの言葉に、私は面食らってしまった。もちろん眼鏡はじいちゃんが自分で置いたはずなのに、誰が置いたって……本気で言っているのか冗談なのか私はその瞬間、戸惑いを隠せなかった。今思い返すと、それがじいちゃんにとって最初の症状だったのかもしれない。

その後は車庫入れが苦手になったり、約束を忘れがちになったり、だんだんと他の症状も出てくるようになっていった。

そして症状がさらに進行した結果、私たち家族ではもう面倒を見ることができなくなり、じいちゃんに施設へ入ってもらうことが決まった。

じいちゃんの物忘れが現れだして、10年ほどが経過した頃、気管支が弱いばあちゃんが先に亡くなってしまった。

実家では、葬式に向けて親戚が一堂に会し、親族会議が繰り広げられていた。夫である認知症のじいちゃんを施設から連れて来て、ばあちゃんの葬式に出席させるか否か。じいちゃんは9人兄弟の長男だったが、本人以外の親族で議論していた。

「もう施設に入っているし、このまま亡くなったことは知らせない方が本人にとってもいいんじゃないか」という意見が大半を占めた。私はなんだかいたたまれなくなって、「じいちゃんを連れて来たらいいよ。自分がサポートするから」とみんなを説得し、なんとかじいちゃんを呼び戻すことに成功した。

「ただいま、帰ったど！」と言って家中を歩き回るじいちゃんを見ると、やはり連れて来て良かったなと思った。しばらく親戚と再会を喜び、お互いの健康について話したあと、顔に真っ白な布をかけられているばあちゃんの姿を見たじいちゃんは、「智、あん人は息苦しかがよ？」と尋ねてきた。この状況を見れば、亡くなった人であるということは誰の目にも明らかである。やはりじいちゃんの認知機能の低下は進んでしまったと言わざるを得ない。

この頃、もう理学療法士として働いていた私は、どう伝えたらじいちゃんが不安にならないのだろうかと、考えを巡らせていた。せっかく家に戻ってきたのに、いきなりばあちゃんが死んだと伝えるのは酷な話だ。

認知症とは、頭の中で「認識（わかる）」と「知識（知っている）」の連携が困難な状態を指す。「認知病」とならないのは、悪いときもあれば良いときもあるというように、その状態に波があるからだ。

だから、今じいちゃんは事実を知らず、認知する力が弱くなっているということにすぎない。じいちゃんは、何も分からないわけではない。布をかぶっている人は息苦しいはずだということは、正しく理解できているのだから。

私は「じいちゃん、もしあん人が息苦しかったら、動くじゃろうね。自分でもぞもぞして、苦しいってするどね？　けど、あの人は動いちょらんね」と伝えてみた。

「そうな。息苦しければ動くどね。動かんってことは、あの人はきつくねえとな。そんなら安心よ」とじいちゃんは言った。人のことを思いやれる優しいじいちゃんは、今もちゃんと残っていた。

みんなが集まっている中で、やはり長男であるじいちゃんに一言挨拶してほしいという流れになった。しかし、今のじいちゃんの状態では、場所に応じたお決まりの挨拶を行うのは難しい要望だった。少し考え黙り込んだじいちゃんの様子を見て、次第に周囲がざわつき始めた。

「ほら。やっぱり分からんじゃないか」という雰囲気が、そこかしこに漂っていた。私はそっとじいちゃんの後ろに立ち、小声で「智が言う言葉をそのまま言えばいいからね」と伝えた。

「このたびは」「このたびは」「お足元の悪い中」「お足元の悪い中」「ありがとうございます」「ありがとうございます」とどんどん言葉をつないでいった。こうして私が黒子となり、最後の最後まで寄り添うことで、じいちゃんを全体の輪の中に溶け込ませることができたのだ。

ちゃんとサポートすれば、長男としての威厳を保つことができるのだとそこでようやく親族たちは気づくことができた。今までじいちゃんを小ばかにしてきた人たちが、自分たちは間違っていたかもしれないと思うようになったのだ。

これだけでも、じいちゃんを実家に連れて来た甲斐《かい》があった。

「じいちゃん、最後にお別れしてから帰ろうか」と声をかけると、「お別れって誰とか？　みんな集まってもろちょるが。今から飯食わせんといかんがよ。寿司でも買ってこんかよ？」とじいちゃんは言った。

そこで初めて私は、「あのね、じいちゃん。実はばあちゃんが亡くなったんだよ」と告げたのだが、「ばあちゃん？」とキョトンとするじいちゃん。

そこでようやく私は気づいた。私からするとばあちゃんだけど、じいちゃんからしたら、妻なのだ。

「ごめんじいちゃん。ばあちゃんじゃなくてね、お嫁さん。じいちゃんの奥さんが亡くなったとよ」と説明すると、じいちゃんは「なして死んだか〜」と動揺した様子だった。「奥さんに最後のお礼を言って帰ろかね」と、私は棺《ひつぎ》の小窓をそっと開けた。

「智。この人は誰か」と、思いも寄らない一言をじいちゃんは言った。私は、この言葉を聞くまでは、てっきりこれで最後のお別れが成立すると思っていた。もしかすると、じいちゃんの頭の中の奥さんの顔の記憶はもっと若くて元気だった頃のままではないだろうか。ここでもまた私は悩んだ。なんて言うのがじいちゃんにとって一番良いのだろうか。

かなり時間がかかったが、ようやく私は口を開いた。

「あのね、じいちゃん。この人は、じいちゃんが長年ずっとお世話になってきた人よ。じいちゃんが良いときも悪いときも、大変だったときも、ずっとサポートしてくれてきた人じゃとよ」と天国のばあちゃんを思い浮かべながら伝えた。「そうかあ。この人に随分世話になったとなあ。成仏してくださいな。本当にありがとうございましたなあ」と、じいちゃんは、ばあちゃんの棺に向かって手を合わせて深々とお辞儀した。

これで、じいちゃんのばあちゃんとの最後の別れが成立した。

結局、ばあちゃんのことを奥さんとは分からないままになってしまったけど、これで良かったのかな。ばあちゃんの遺影を見ると、そこにはにっこりと私に向かって微笑《ほほえ》んでくれているばあちゃんがいた。

曖昧と誤解の狭間で

私は高校を卒業してから、理学療法士になるべく専門学校に進んだ。

日本にはリハビリテーションの専門職として、理学療法士・作業療法士・言語聴覚士の3つの国家資格がある。

それらの違いを簡単に説明すると、理学療法士は主に身体のこと、特に立つ・座る・動く・寝るなどの基本的な動作に関することをサポートし、作業療法士は食事・書字・着衣など個人の生活動作に関するサポートを行い、言語聴覚士は、言語・摂食嚥下《えんげ》機能などの回復をサポートする点にある。

主に四肢《しし》の動きをサポートする理学療法士と作業療法士の2つをさらに細かくみると、転倒骨折した患者をリハビリするとき、足の動きについては理学療法士が担当し、手の細かい動きについては作業療法士が担当するというような棲《す》み分けがある。

しかし、これは理学療法士と作業療法士をなんとなく分けているという風潮があるにすぎず、醤油《しょうゆ》にたとえると、濃口醤油と薄口醤油くらいの違いしか実はないのである。

そういう意味では、私は理学療法士として、身体側からリハビリの世界に入った。脳卒中になった人や骨折した人のリハビリをサポートしたり、痛みがある人の治療をしたりというところから、私のキャリアはスタートした。

そんな私が、どうして認知症の世界に飛び込むことになったのか、そのきっかけは、一人の患者との出会いが大きく関係している。

私は専門学校を卒業し、理学療法士として社会人の第一歩を踏み出した。

毎日たくさんの患者と接しているが、やはり高齢者の方が転倒骨折をしてしまうことが少なくない。加齢や運動不足によりバランス能力が低下し転倒してしまうのだが、骨が脆弱《ぜいじゃく》になっているため、ちょっとした衝撃で骨折してしまうのだ。そしてそのような場合、やはり認知症を患っているケースが少なくない。

転倒骨折で特に大変なのは、大腿骨頸部《だいたいこつけいぶ》骨折という股《また》の付け根の部分が折れてしまうことである。ここが折れてしまうと、身体の支えが利かなくなり、歩行能力が著《いちじる》しく低下してしまうので、そのまま寝たきりの状態になってしまうリスクが非常に高い。

元気な人たちは、たとえ骨折したとしても、リハビリが順調に進みさえすれば完治に向かっていくが、認知症のリスクがあると、リハビリの段階で滞ってしまい、多くの場合次のステップに進みにくくなってしまう。

現在、急性期は7日から14日以内で、その後の回復期は5ヶ月以内で病院を出なければいけないという基準がある。これをクリニカルパスという。

限られた期間内でどうにかリハビリをこなしていかなければならないのだが、その進行にストップをかけてくるのが認知症だ。認知症がネックとなりこちらの思うようにリハビリができず、歯痒《がゆ》くも悔しい思いを、私はこのあとの人生で何度も経験することになる。

ドクターから、骨折したおばあちゃん、橘《たちばな》さんのリハビリをしてほしいというオーダーが飛んできた。しかし、そのオーダー表に目を向けると、「認知症の可能性あり」と、一言添えられており、認知機能検査の項目にレ点チェックが大きく入っていた。

認知機能検査とは、全国で使われている長谷川《はせがわ》式簡易知能評価スケールという認知機能評価を指す。質問項目としては、お歳はおいくつですか？　とか、今日は何月何日ですか？　とか、簡単な質問がいくつも並んでいる。認知症の疑いのある方であっても、ほとんどの場合、名前を答えることはできる。しかし、年齢はズレるケースがとても多いのだ。1、2歳のズレであればそれほど問題ではないのだが、3歳以上ズレてしまうと、認知機能が低下しつつあると判断される。例えば85歳の方が、81歳と認識していたら、81歳から年齢の自動更新ができなくなっている可能性あり、とチェックするのが私の仕事だった。

橘さんにもテスト項目を順番に尋ねていったが、注意力や集中力を保つことが苦手なようで、正解だったり間違いだったり様々な答えが飛んでくる。

そして、「ここはどこですか？」という場所を尋ねる質問に対しては、周りをキョロキョロするばかりで一向に答えてくれる素振りがない。次のリハビリの時間が差し迫っている中、テストは終わらせなければならないので、私は苛《いら》立《だ》ちと焦りを隠せなかった。とりあえず、こちらを向いてもらわなければ話は始まらない、そう思った私は、橘さんの膝をトントンと叩《たた》きながら、「橘さんこっちを向いてください！　ここはどこですか？　ここです！　ここはどこですか？」と、一生懸命根気強く尋ねた。すると、ようやく私の方を向いてくれた橘さんから、予想だにしなかった答えが返ってきた。

「ここは膝‼」という橘さんの言葉に、私はしばし呆然《ぼうぜん》としてしまった。通常であれば、ここはどこですか？　という質問に対し、場所を正しく答えることができれば2点をつける。もし5秒経っても答えが出ない場合は、「病院ですか？　施設ですか？　それとも家ですか？」と少しヒントを出し、そこで正しい答えを言うことができれば1点、それでも答えられなければ0点となる。

私は橘さんの「膝」という答えを聞いたとき、合っている、と素直に思った。なぜなら「ここはどこですか？」と尋ねたとき、私の手は橘さんの膝の上にあったからだ。つまり、橘さんは何一つ間違ったことを言っていなかったのだ。

私の認知症への認識が誤っていたのかもしれない。認知症の方は何も分からないわけではない。何もできないわけではない。むしろ間違っていたのは自分だったのではないだろうか。

このことに気づいた瞬間、私の中に電気が走ったような気がした。

私が専門学校で学んでいたときは、認知症のことをまだ痴呆《ちほう》症と呼んでいた。

当時痴呆症は、分からない人、できない人、社会的弱者というようなレッテルがベッタリと貼りつけられていた。

橘さんの認知機能検査をしたとき、私の対応は本当に正しかったのだろうか。今でもふと思い返すときがある。もちろん橘さんをばかにしたつもりは決してなかった。しかし心のどこかで、分かるはずはないだろうとたかを括《くく》っていたのかもしれない。そうした自分の見えない思いに気づき、驚くと同時に恥ずかしい気持ちでいっぱいになった。

医学の世界では、「患者さんは教科書です」という言葉がある。学校の教科書には載っていない生ける教科書が現場にはあるということを、私は身をもって体験した。

この一件から私は、認知症について必死に学ぶようになった。

認知症の方々が何を考えて、どのように生活しているのか、実際の暮らしから見つけていくことが私のライフワークになっていった。

理学療法士という職業人として、私が見定めていくのは、決して身体だけではない。生きていくためには、頭の中も身体と同じくらい重要なのである。

脳は身体の司令塔、この司令塔が元気でいなければ、身体に正しい命令を下することはできない。つまりこの指揮命令系統がどうなっているかを理解することが先決なのである。

なぜなら身体はあくまでも命令通りに動かすための器《うつわ》でしかないのだから。

私の関心が脳へ向いたきっかけは、間違いなく橘さんのテストである。

理学療法士としてのキャリアのまだ初めの頃に、橘さんに出会えた私はとてもラッキーだったと思う。

ここから私は、認知症の世界に深く深くハマっていくことになる。

先達あらまほしきことなり

認知症の方を介護している家族というのは、とても疲弊《ひへい》しやすい。

だからその気持ちが少しでも楽になれるようにと、介護に関する情報の交換をしたり、苦労や悩みを本音で語り合ったりする場として、全国各地では「介護者の集い」というものが開かれている。年齢を問わず誰でも介護をしている人たちが参加できるもので、3ヶ月や半年に一度くらいのペースで、お茶会だったり、中には温泉施設を貸し切ったりなどして、各市町村や各団体がホッと心安らげる空間を提供しているのだ。

介護者の集いは、介護のOB・OGから学ぶための場でもあり、私たち介護の専門職の人間は、横でオブザーバーのような立ち位置で、介護者の集いを見守っている。

私が認知症のケアに携わり始めてまだ3年くらいの頃、ある介護者の集いで出会った家族の方のエピソードに私はとても感銘を受けた。

そしてそれは、私が認知症ケアの活動をしていく上での大切な指標として、今もなお心に深く強く根づいている。


「赤ちゃんのおむつを交換するのは全然いやじゃないのに、どうして大人はこんなにも臭いのかしら」という、トイレの失敗に関する話になった。その発言をきっかけに、赤ちゃんのウンチはヨーグルトみたいだけど大人のウンチは本当に臭いねとか、下剤を使ったときはドロドロになって目も当てられないとか、服を脱がすことができても、すぐに座ろうとするのを立たせなきゃいけないから本当にキツい、といった具合に、次々と皆さんのトイレエピソードが披露された。

これらのことは、介護をする人であれば、誰もが経験することであり、本当に、臭い・汚い・キツい、の3Kのオンパレードだ。「私、とてもじゃないけど介護できそうにないわ」と言う人すらいた。

私は少しでも皆さんの役に立つよう、トイレの介護は本人の立つ力が大事だから、体勢をキープできるよう日頃から歩いてもらってくださいねとか、トイレに頻繁に誘ったり、ソワソワしていないかチェックしてみたりしてくださいねといったアドバイスをした。

するとそれまで、じっと口を閉ざしていた榎本《えのもと》さんが、ハイと手を挙げた。

「あなたが仰《おつしや》っているアドバイスが大事なのはとてもよく分かります。だけどね、私は義母と旦那の二人の介護をしてきて、それよりももっと根源的で大切なことに気づいたの」とこれまでの体験を話し始めた。

どうして私ばかりが、こんな目に遭わなければならないの？　と榎本さんは目の前が真っ暗になったそうだ。数年前、突然お義母《かあ》さんの介護が始まり、榎本さんは一生懸命尽くした。そして昨年、お義母さんは安らかに息を引き取り、そこでホッと一息つけるかと思っていたのだが、なんと今度は旦那さんまでもが認知症になってしまったのだ。その事実が分かったときは本当に落胆したという。

「義母のときは、ただ介護に追われているだけでした。何をすればいいか分からないまま、どんどん症状が進んでしまって……だから義母の介護は、正直大変だったなと感じていました」と、残念そうに語った。

それから、旦那さんの介護をするようになり、お義母さんの二の舞になってはいけないと思った榎本さんは、1度目の介護の様子を振り返ってみた。

「ごめんね、と先に謝ると、義母が落ち着いたんですよ」と、当時気づいたことを教えてくれた。それを旦那さんの介護で実践すると、やはり旦那さんも落ち着くようになり、介護がスムーズにできるようになったそうだ。

「トイレの失敗を見つけたその瞬間は驚いちゃダメ。近づいて、気づかずにごめんなさいね、と謝ることが大事なんです。そして、早く着替えましょうね、脱いでくれてありがとうね、と今度はありがとうを伝えていけばいいんですよ」と話すその声に、気づけばその場にいた全員が聴き入っていた。

本人はせっかく出せてスッキリしたはずなのに、今度は排泄物《はいせつ》に対していやな気分になってしまう。トイレに行きたいというSOSに気づけずにごめんなさいねと謝罪したら、今度はありがとうで攻めていく。

「この2つをセットで言わないと、介護がうまくいくはずはないと思います。介護の本質って、2回やってようやく見えてくるものじゃないかしら」と、すごく真っ直《ま》ぐ《す》な目で答えてくれた。

私たちはトイレの介護をする上で、服を脱がしきれいにしてはかせていく。これら一連の動きをプロとして当たり前に行っているので、わざわざごめんねとか、ありがとうなんて言うことを経験していないのだ。

むしろ、どうされました？　大丈夫ですか？　困りましたね、といった具合に、介護側の視点に立って、時間が取られるぞとか、大変なことが起きたなとか、思ったことを言葉にしていたのではないだろうか。そうではなく、認知症の方の視点に立たなければならないのだ。

今回、教科書のどこにも載っていないことを榎本さんに教えてもらった。医学書で学ぶことも大事だが、介護のOB・OGの方が一生懸命介護しながら得た経験に勝るものはない。

私はこれまで、手法的な部分を伝えることばかりに注力していたが、大事なポイントを見落としていた。榎本さんの体験談を伝えた方がいい、いや絶対に伝えなければいけない、と強く感じた。それだけ榎本さんの言葉は私の中で響いたのだ。サポートするつもりで横についていたが、参加者の中で私が一番勉強させられたに違いない。

認知症ケアの世界では100点満点は絶対に取れないといわれている。たとえ、自分が１００点だと思っていても、本人にとっては60点くらいにしか感じてもらえないことだってある。どれだけいい介護をしようと心がけても、情報がないとうまくいかないものだ。

これまでどのような経験をしてきたのか、それを加味しないと声がけ一つとっても変わってくる。ラフに話しかけた方がいい人もいれば、恭《うやうや》しく接した方がうまくいく人もいる。その人の人生の軌跡を追いかけ、そして寄り添いながら、接していくことが大切なのである。

介護者の集いが終わり、皆さんが帰り支度をしているとき、私は榎本さんに声をかけた。

「今日はとても勉強になりました。病院施設で介護する人間として、私は明らかに伝え方に不足があったと感じました。私自身、榎本さんのお言葉を実践しつつ、色んな方にお伝えしても良いでしょうか？」と尋ねた。

すると、榎本さんは私の申し出に少し驚きつつも、「良い悪いなんてありませんよ。みんなに伝えていかないといけないことよ！　ぜひともお願いしますね」と言ってくれた。

私はなんだか榎本さんから大切なバトンを受け取ったような気分になった。

そこからだ。私が認知症の人の世界、家族の人が見ている世界というものにすごく興味を持つようになったのは。

ごめんね、ありがとう、そしてそこに自分の気持ちを乗せることがとても大切だということを、その後私は実感した。

きれいになって良かったですね、私も嬉しくなりました、と相手に寄り添う一言を付け加えると、なおのこと不安が少なくなり、落ち着きを取り戻してくれるのだ。

榎本さんは私に、介護をする上でとても大切なことに気づかせてくれた。今の私があるのは、榎本さんのおかげと言っても過言ではない。

道路をつくった
街の英雄

介護老人保健施設の中には、認知症専門棟という記憶障害や実行機能障害などが進行中で、なおかつ行動や心理状態に不安がある人を対象としたフロアを持つ施設がある。簡単に言うと、専門棟にいる人は、認知症の症状が進行してしまい、日常生活が大変になってきた人ということを意味する。

私がとある施設で認知症対策室の室長を務めていた頃、巡回で認知症専門棟へ行くと、奥まった廊下の奥で一人ずっと窓の外を眺めている石坂さんというおじいちゃんが目についた。多くの認知症の方は、自分の世界へ旅立ち、ボーッとしている時間が長いので、石坂さんもきっと今日はそんな気分なのだろうと思っていた。

しかし、私が認知症専門棟へ足を運ぶたびに、石坂さんは同じ場所でただじっと窓の外を眺めているのだった。周りのスタッフは、そんな石坂さんの様子を、いつもの決まった風景として気にかける様子は全くない。

「ねぇ。どうして石坂さんはずっと外を見ているんだろう?」とフロアマネージャーに聞いても、彼は首を横に振るばかり。認知症専門棟には15人のスタッフがいるのだが、石坂さんに関する申し送りは、特になかったそうだ。

ある日私は、「石坂さん、一体外に何があるんですか? 何を見ているんですか?」と尋ねてみたが、何の返事もこない。というか、私が話しかけたことすら気づいていないようだった。それくらい石坂さんはボーッとすることに集中していた。

石坂さんが何を見ているのかが気になったので、しばらく私も横に並んで、一緒にボーッとしてみることにした。そして、石坂さんの視線を必死に追いかけてみたのだが、そこには何の変哲もない街並みがあるだけだった。

道路に車が走り、歩道ではのんびり歩行者が歩いているという、日本全国どこにでもある光景の中で、石坂さんは一体何に興味を惹《ひ》かれているのだろうか。どれだけ必死に考えても私にはさっぱり分からなかった。

いい大人が二人、何の会話もせずにただ外を眺めたそがれている、はたから見るとそれは滑稽《こっけい》な様子だったに違いないだろう。そうして、きっかけがつかめないまま、ただ時間だけが無駄に過ぎていった。

「今日もいいお天気ですね。道路にはいつもたくさんの車が走っていますね」と、私はそんなありふれたことしか言えなかった。

しかし、その言葉で石坂さんはハッと驚き、初めて隣にいた私の存在に気づいたのだった。そしてようやく口を開いた。

「あのでかい道路はな、俺がつくった道路なんだよ」と、石坂さんは、どこか誇らしげな表情を浮かべながら、そしてとても嬉しそうに答えてくれた。

しかし私には、石坂さんがどこか知らない空想の世界へ迷い込んだ状態での発言なのか、過去の経験に基づく正しい感覚の中で話ができているのかが判断できなかったので、「そうなんですね」と、相槌《あいづち》を打ち、もう少し話を続けてみることにした。

一つずつ丁寧に話を聞いていくと、石坂さんは、施設の目の前を走る幹線道路をつくった作業員だったそうだ。だから、私が発した「道路」という言葉に反応したのだろう。

「今はこんなに立派な道路になって、たくさんの車が走るようになった。俺はいいことをしてきたんだな」と話してくれた。

「戦時中はな、不発弾がたくさん落ちていた場所だったもんだから、工事のときに見つけては処理するのが大変だったんよ」と懐かしそうに語っていた。

「それはすごい経験をされたんですね。工事中、休憩時間なんかは取れていたんですか?」と聞くと「いやいや。そんなものなかとよ。一生懸命手ばっかり動かしとったわ」と、当時のエピソードを次々と教えてくれた。

認知症の方がボーッとしていると、私たちは、また別の世界に行っているんだなと決めつけてしまうことが多い。

しかし、石坂さんに関して言えば、そうではなかった。今見ている情景に昔の記憶を照らし合わせて、感慨にふけるという、ごくごく当たり前のことをしていただけだった。

「認知症専門棟」という言葉のせいで、色眼鏡をかけて石坂さんを見てしまっていたのではないか? 私は石坂さんとの対話を通じて、大切なことに気づかされたのだった。

この日を境に、私の石坂さんへの声がけの言葉が変わった。

「道路をつくった石坂さん」と、名前の前に枕詞《まくらことば》をつけて語りかけると、石坂さんは嬉しそうに、「お、あんた、俺のこと知っとるんか」と、すぐに反応してくれるようになった。もちろん石坂さんの頭の中には、この前私が横に並んで道路の話をした記憶は残っていない。だから「道路をつくったときはな、大変だったんだよ」とそのとき話してくれたことをまた最初から話していく。

私はそうやって何度同じ話を聞かされたとしても、それまでぼんやり外を眺めているだけだった石坂さんが、楽しそうに話をしてくれることが嬉しかった。けれど、そこから不思議なことが起きた。このようなやりとりを繰り返していくうちに、なんと石坂さんは私のことを覚えてくれるようになったのだ。専門棟に私が姿を見せると、「おぉ、あんたか。よく来たな」というように、会話がスムーズにできるようになっていった。

その後の申し送りで、石坂さんはこの道路をつくった人なんですよ、と伝えると、専門棟のスタッフは一様に驚いていた。なぜなら誰一人として、その事実を知らなかったからだ。

つまりこれは、スタッフは誰も石坂さんの世界に寄り添っていなかった、石坂さんのこれまでの人生に触れようとしなかったということを意味する。もちろんスタッフのみんなは、これまでも石坂さんのケアをよくやってくれていた。けれど、それはケアの提供という業務にすぎなかった。

例えば、私たちが初対面の方と話をするとき、少なくともその方が何をやっている人なのかを話題にすることは多いだろう。認知症の人だから聞かなくてもいいという理屈は通らない。

これまで、どんなことをしてきたのか聞かれもしない、社会的な貢献をしてきたはずなのに、誰一人として自分に興味を持ってくれない。これは本人にとってはとても辛いことではないだろうか。

そんな対応を受けてきた中で、あるときひょっこり現れた私が熱心に話を聞くもんだから、私のことを覚えてくれるようになったのかもしれない。それだけ、石坂さんの中で、立派な道路をつくったということは、大きな誇りだったのだ。そのことを聞かずして、一体何を聞くと言うのだ。

石坂さんに起きた変化はそれだけではなかった。あるとき、話のついでに、施設内の植物が育たないと愚痴をこぼしたら、「俺は時間がたくさんあるからな。代わりに水やりしてやるよ」と、言って本当に実行してくれたのだ。

認知症専門棟にいる方というのは、認知をすることが困難なはずなのに、一体これはどういうことなのだろう。初めて石坂さんを見かけたときは、ただボーッとしているだけのおじいちゃんだったのに、そこから私のことを覚えてくれるようになった。そして、ついには社会的な役割を獲得し、人間らしい行動ができるまでになった。できないことが増えていく認知症の方が多い一方で、石坂さんは「できる」を増やしていけたのだ。

私は何も特別なことをしたわけではない。石坂さんに寄り添って話を聞いた、ただそれだけなのである。

きっかけは「道路」という言葉だった。しかし、このたった一言で、石坂さんのみならず私にとっても認知症専門棟のチームにとっても新しい大きな道がまさに開けたのだ。道路に情熱を捧げてきた石坂さんと普通に過ごした時間が認知症の人との共生社会への道しるべとなったことに、心から感謝である。

靴が雨に濡れたから

優しい人ほど、責任感が強い人ほど、大切な家族が認知症になったときに自分を責めてしまう。認知症になる前にもっとこう接していたら、なんであのときあんなことを言ってしまったのだろう、そんな後悔をする人がなんと多いことか。

福岡県警の捜査一課に所属する佐久間さんは、もうすぐ定年を迎えるが、未《いま》だに張り込みをする現場主義の刑事だった。同い年の妻・聡美《さとみ》さんは、朝から晩まで仕事に奔走し、ほとんど家にいない佐久間さんに対して、愚痴一つこぼすことなく、ずっと寄り添ってきた優しい妻である。旦那のあとを妻が二、三歩下がってついていく、そんな二人であった。

明日から12月という、寒さも忙しさも徐々に増してくる頃だった。

今夜もいつものごとく帰りが遅くなってしまったのだが、それに加えて朝からずっと降り続いた雨のせいで、革靴がびしょ濡れになってしまった。濡れると足枷《あしかせ》のように重たくなる革靴。慎ましやかな生活をしている佐久間家に替えの靴などあるはずもない。一刻も早く乾かしたい、と佐久間さんは家路を急いだ。

インターホンを押すと、聡美さんが出迎えてくれた。

「お帰りなさい、あなた。雨の中お仕事大変だったでしょう」と、帰宅した佐久間さんに労《ねぎら》いの言葉をかけることが、聡美さんにとっての日課になっていた。

「今日の雨は本当にまいったよ。悪いけど革靴を乾かしておいてくれないか。俺は風呂に入ってくるから」と言い残して、佐久間さんは風呂場に直行した。

大雨の中、無事に帰って来ることができてホッとしているのだろう。

しかし、そんな佐久間さんとは対照的に、聡美さんはなかなかその場から動くことができなかった。

お風呂から上がった佐久間さんは、寝る前にニュースを見ようと居間に向かったが、玄関を通りかかったとき、ふと違和感を感じた。何かおかしい。刑事の勘とでも言うのだろうか。

玄関をしばし眺めると、そこにあるべきはずの革靴が消えていることに気づいた。いつもなら革靴に新聞紙が詰め込まれているのに、今夜は玄関のどこを探しても見当たらなかった。ドライヤーは洗面所に置かれたままであったし、一体革靴をどうやって乾かしているのだろう。

結婚してからというもの、全ての家事をテキパキとこなしていた聡美さんに、何か異変が起きているのではないだろうか、佐久間さんはこのとき初めて、そんなえも言われぬ不安を抱いたのだった。

まだ寝ずに居間にいた聡美さんに、「ねえ、革靴はどこにあるんだい？」と、佐久間さんはなるべく自分の心の動揺を悟られないように、優しく話しかけた。

「あら、心配しなくても、大丈夫ですよ。あそこで乾かしていますからね」と、聡美さんが指さした方向は、どういうわけか台所だった。

そして、そちらに視線を向けた佐久間さんは、目に映った光景に言葉を失ってしまった。なぜなら食器乾燥機の中に、革靴が放り込まれていたからだ。

「川畑さん、聡美はまだ60歳を過ぎたばかりなんです。やはり若年性認知症なんでしょうか」と、佐久間さんは先程起きた出来事の顚末《てんまつ》を一通り話し終えた。夜遅くに泣きそうな声で連絡してきたので、私はびっくりしてしまった。

佐久間さんは「俺が、仕事に明け暮れて家にいなかったから、それがストレスで認知症になってしまったのでしょうか。愚痴を言わなかったから、てっきり大丈夫だと思っていたけど、言わなかったんじゃなくて、言いたくても言えなかったのでしょうか？」と、頭に思い浮かんだ言葉を矢継ぎ早にぶつけてきた。

「聡美が認知症になったのは、全部俺のせいだ。どうして、もっと話を聞かなかったんだろう」と、電話越しでもひどく落ち込んでいる様子が伝わってきた。

「もちろん、ストレスが認知症を進める一因になることはありますが、ただそれだけで認知症になるわけではありません。今回のケースも、奥さんは手段こそ間違えてしまいましたが、乾かすということは理解できているんです。おそらく奥さんは認知症の兆候が出ているかと思いますが、今は一生懸命頑張っていらっしゃるんですよ。佐久間さんが、そんな奥さんに対して取るべき行動は、たった一つです」と、その後に続いた私の言葉を聞いて、電話の向こうで佐久間さんがハッとしたのが分かった。

電話を切った佐久間さんはすぐに寝室に向かい、「聡美、靴を乾かしてくれて、ありがとうな」と、今にも眠りそうな聡美さんにお礼の言葉を伝えた。

「なんですか？　改まって。お安いご用ですよ」と、にっこり微笑む聡美さんの顔を見て、佐久間さんは涙がこぼれ落ちそうになるのを必死に堪《こら》えた。そこから聡美さんの症状は徐々に進行した。

しばらくして警察を定年退職した佐久間さんは、つきっきりで聡美さんの面倒をみた。何をするにも、どこへ行くのも一緒。それは、まるでこれまでの結婚生活で、聡美さんを放ったらかしにしていたことに対する贖罪《しょくざい》であるかのようだった。

認知症という未知の世界へ、聡美さんを一人で飛び出させてしまったことをとても後悔した佐久間さんは、その穴埋めをするために懸命に介護した。

けれど、やはり限界はくる。洋服を着てくれない、お風呂に入ってくれない、もう佐久間さん一人の力ではどうにもならない状況にまでなってしまった。

そして佐久間さんは、ついに聡美さんをグループホームへ入れることを決めた。

数ヶ月後、私は佐久間さんを訪ねた。

「聡美がね、怒るんですよ。どうして私を監視するの、どうして私の自由にさせてくれないのって。あんなに優しかった聡美が、俺がそばにいるとずっと怒っているんです。俺は、本当はグループホームになんて入れたくなかった。ただ笑っていてほしいだけだった。俺はもう聡美に嫌われてしまったんでしょうか」と、佐久間さんはこの数ヶ月で起きたことを話してくれた。

グループホームでの聡美さんの様子は、私の耳にも入っていた。

「佐久間さん、グループホームでの奥さんの口癖をご存知ですか?」と尋ねると、佐久間さんは首を横に振った。

「お父さんがいない、いない、私を置いてどこに行ったんだろう? と言いながら、奥さんは佐久間さんのことをずっと探しているんです。だからね、奥さんが佐久間さんのことを嫌うなんてことはないですよ」と伝えると、佐久間さんはその場で泣き崩れてしまった。

その後、佐久間さんは、福岡県の認知症家族の会の役員になった。

妻の認知症に気づけなかった自分の不甲斐なさを責め続けたが、それでは何も変わらないということを、佐久間さんはとっくに理解していた。

もう誰にも自分のような後悔をしてほしくない、自分の体験を無駄にはしたくない、そのような思いで、自分たち夫婦のことを講演会で話すようになった。当事者としてとことん向き合ってきたからこそ、自分には伝える役目があるのだという自負を持った佐久間さん。自分を責め続けていた立場から、今度は同じ悩みを持つ方を励ます側へ180度変わったのだ。

聡美さんが若年性認知症を発症してしまったことは、二人にとっては確かに辛く悲しい出来事である。けれど、そのことが佐久間さんに、第二の人生を切り拓《ひら》いてくれたこともまた、紛れもない事実なのである。

父が私の服を着る理由

私は、施設の運営に携わるだけではなく、色んな方から認知症ケアの悩みについての相談も受けている。コロナ禍以降オンラインでのやりとりが主流となり、私は熊本にいながらも、日本や世界中の人々とつながることができるようになった。

オンラインの良いところは、何かあったらすぐに情報をシェアできること。そして、文章や話すといったことだけではなく、写真や動画も同時に共有できる点にもある。

ＬＩＮＥでＳＯＳを送ってきたのは、神奈川県在住の野崎さん家族。

お父さんが認知症を7年ほど患い、奥さんと娘さんの二人で介護をしているというケースだ。

中でも一番の大きな悩みは、野崎さんが洋服を引っ張り出してしまうということ。ちょっとでも目を離すと、その隙にタンスやクローゼット、ありとあらゆるところから洋服を出してくるそうだ。添付された写真には、洋服が部屋の真ん中で山積みになっている様子が写し取られていた。それはまるで泥棒が不在中に押し入って物色したかのような光景だった。

そして、さらに家族を困らせているのは、野崎さんが奥さんや娘さんの洋服まで着てしまうということ。娘さんのレースの上着をピチピチに着ていたときなどは、奥さんも娘さんも開いた口が塞《ふさ》がらず落胆してしまったそうだ。こんな状態がもう毎日のように続いている。

「娘の洋服を脱がせようとするとね、お父さんすごく怒るんです」と語る奥さんの文章には、疲労感が漂っていた。

私は、野崎さんがデイサービスへ行くときの写真にも目をやってみた。奥さんが準備した男物の服をきちんと着ていたものの、何か違和感を感じた。

そこで、「お父さん、お腹に何か入れていませんか？」と尋ねてみた。野崎さんはとてもスリムな体型なのに、お腹だけが異様にぽっこりしていたのだ。

私の問いに対して奥さんは、「実はね、お腹の中に女性もののショーツや髪留め、アームカバーを隠し入れてデイサービスに行こうとしていたんです」という答えが返ってきた。「迎えに来てくれたスタッフさんが見かねて、『他の人が見るとほしがるといけないから、家に置いていきましょうね』と言ってくださったので、その場は収まったのですが、もう主人が何を考えているのか私には分からなくて。1日に何度も洋服を引っ張り出してきては部屋の真ん中に集めていくんです。収集癖もそんな性癖もなかったはずなのに」と奥さんは嘆くばかりだった。

大事な人が何を考えているのか分からない。これは認知症の家族を介護する上で立ちはだかる大きな壁である。

そこで私は「お父さんに、何を探しているの？ と聞いたことはありますか？」と尋ねると、予想通りの答えが返ってきた。

「それは聞いたことはなかったですね。もう、何をやっているんだろう、という目で見ていたので、何かを探しているという視点で考えたことはありませんでした」と、びっくりした様子で返事が来た。

奥さんは、もう半ば諦めの思いで日々野崎さんと対峙《たいじ》していたので無理もない話だ。このように、愛する夫の言動を理解できずに、目の前の状況から目を背《そむ》けてしまうケースはとても多い。

ＬＩＮＥに送られてきたその他の写真を眺めていると、私はあることに気がついた。「お父さんはトイレの失敗が多いのではありませんか？」と聞くと、やはりその通りだった。娘さんのキャミソールをスカートのようにはいている野崎さんの写真が、私にヒントを与えてくれたのだ。もしかして野崎さんは、手当たり次第にパンツになりそうなものを探して、応急処置的にはいているだけではないだろうか。だから、デイサービスに行くときも、お腹の中にショーツを隠し持っていたのだろう。

「もしかするとお父さんは、トイレの失敗をしたくないあまりに、予備のパンツをずっと探しているのかもしれませんね。お父さんが洋服を引っ張り出す目的は、トイレ失敗時の備えかもですね」と伝えた。

「そういえばお父さん、ウンチで汚したパンツをポリ袋に入れて、タンスの中に仕舞い込んでいたことがありました」と奥さんは、少し前に起きた出来事を教えてくれた。

「お父さんは、臭いが漏れて迷惑をかけないようにご家族に配慮して、自分の中でできる最大限のことを、必死に努力されていたんですね」というメッセージを送ると、奥さんは落ち着くことができたようだった。

「私と娘は、お父さんが洋服をぐちゃぐちゃにして困ると感じていたけれど、お父さんはパンツがないと困るのね。お父さんにはお父さんなりの目的があって、それを一生懸命やっていただけだったのね。お父さんがいやなことばかりしてくると考えていたけれど、まさかお父さんの努力だったなんて……」というメッセージの最後には、泣き顔の絵文字が添えられていた。奥さんは、ようやく野崎さんの行動を理解することができたのである。

では、髪留めやアームカバーについてはどのように考えれば良いのだろうか。どう見ても女性もののアイテムなのに、どうして野崎さんは執着をするのだろうかと考えていると、一つの仮説が浮かび上がってきた。

「確かお父さんは公務員でしたよね。毎日スーツを着ていたのではないでしょうか。だとすると髪留めはネクタイピン、アームカバーはネクタイだと思い込んでいるのかもしれませんね」と私は思いついたことを伝えた。つまり野崎さんは、仕事に行くための洋服も同時に探していたということになる。

しかし、こうして洋服を探す理由が見えてきたところで、引っ張り出す癖自体は直らない。洋服を毎日出し続けることを根本的に解決しないことには、奥さんも娘さんも安心はできないだろう。

野崎さんのこの癖は、見方を変えると出し続ける注意力や集中力があるということを意味している。

そこで私は、「お父さんが、昔お仕事で使っていた本や書類をまとめる作業をお願いしてみてはいかがでしょうか？」とアドバイスしてみた。

初めは何の意味があるんだろうと訝《いぶか》しんでいた奥さんだったが、その後実践してみると効果はあったそうだ。つまり野崎さんは何かに集中できている状態であれば、服を散乱させる頻度が減っていくということが分かった。

これでおおよその問題は解決できたかのように思えた。

しかし最近になってまた、「今日はお父さんなんだか機嫌が悪くてデイサービスに行ってくれませんでした。なんで急にこのような態度を取るんでしょうか」というSOSが再び届いた。

「ソワソワしたり、キョロキョロしたり、うろうろしたりするときは、本人の中でイライラが起きていることが多いんですよ。トイレがうまくいかないときなど特に起こりやすいです。私たちも、トイレに行きたいのを我慢していると、ソワソワしちゃいますよね。イライラはご家族のせいではないので安心してくださいね」とアドバイスした。

家族の心の平穏を保つことも、認知症ケアの現場ではとても大切なポイントである。

野崎さん一家のように、たくさんの写真を送ってくれるケースはまだまれである。

しかし、認知症ケアを進めていく上で、家族の話だけではなく、写真という客観的な要素があると、とても助かる場合が多い。ぜひ育児を記録するように、介護の様子も写真や動画に残していただきたい。

もちろんその渦中にいるときは、大変な思いがほとんどだと思うけれど、いつかそれらを愛《いと》おしく思える日がきっとやってくる、私はそう信じている。

50回のコール音

甘いものやお酒、タバコなど、これは絶対にやめられないというものは人間誰しも少なからずあるだろう。

認知症になったからといって、好きだったものまで忘れるかというとそんなことはなく、むしろ他のことは忘れてもそれだけは絶対に忘れない、と強く記憶に刻まれるケースはたくさんある。

そろそろお風呂にでも入ろうとしていた頃、自宅の電話が鳴った。

「木崎です。夜分にすみません」と話す電話の主は、認知症の疑いがある木崎さんの娘さんからだった。木崎さんは、認知症の診断こそまだついていないが、認知症チェックをしたときに、少し認知症のリスクが出てきているので気をつけましょうね、とお伝えした方だった。

「母がこの間、車で自損事故を起こしてしまったんです。幸いにも母に怪我はなく、車を廃車にしただけで済んだのですが、その後大変なことになってしまって……」と話す声のトーンが、少し暗くなったのが分かった。

そして「実は、1日に50回も電話をかけてくるようになったんです」という娘さんの言葉に、私はその回数の多さに驚くとともに、ただごとではないことが起こっているんだろうなと感じた。

詳しく話を聞いてみると「事故のあと、親戚みんなで話し合って、新しい車を買わないことに決めたのですが、母が全然納得してくれないんです。それからというもの、車を買ってくれという抗議の電話を1日に何度もかけてきて、スマホの通知音が鳴るたびにビクビクするようになってしまいました。母を説得するにはどうすればいいのでしょうか」と、娘さんは木崎さんからの毎日の電話攻撃にすっかりまいっている様子だった。

どう考えても1日に50回というのは尋常ではない。

私は「ところでなぜお母さんは、そこまでして車を必要としているのでしょうか?」と先程から気になっていたことを尋ねたところ、「それが、その、パチンコなんです……」となんともバツの悪そうな答えが返ってきた。

聞けば木崎さんは、元々居酒屋のママで、お酒好き、タバコ好き、そして大のパチンコ好きで知られており、事故を起こす前は週に2~3回の頻度で、自宅から車で20分ほどのところにあるパチンコ店まで、自ら運転して通っていたそうだ。ところが2週間前、パチンコからの帰り道にハンドルを切り損ねて電柱に衝突してしまったのだ。

「どうして命が助かったのに、事故を起こす原因になったパチンコにまた行きたがるのか、理解に苦しみます」と、娘さんは少しイライラした様子だった。

木崎さんにとって、車を買ってもらえないことは、もうパチンコに行けないことを意味する。お店をたたんだ今、パチンコこそが最大の生きがいなのだろう。だからクレーマーのように電話をしてくるのだ。

地域包括支援センターでは現状打つ手がないらしく、そこで私のところにお鉢が回ってきたというわけだ。

「ではもう車を購入するという選択肢は、絶対にないということで間違いないですか?」と念のため確認すると、娘さんは「はい、それは絶対にできません。いつ加害者になるか分からない状態で、また事故を起こされても困りますので」と、しっかりとした口調で答えた。

娘さんにとっては、もしかしたらパチンコそのものもやめてほしいのかもしれないが、それでは木崎さんの娘さんへの電話攻撃が、一生続くことは目に見えている。そこで私は、2つの提案をした。

1つ目は、きっとパチンコ仲間がいるはずだから、その人たちに送迎をしてもらうのはどうか？　ということ。しかし、木崎さんにはパチンコ仲間はいるものの、店で顔を合わせたときに会釈する程度なので、お互い連絡先はおろか、名前さえ知らないという状態だそうだ。

「では、ご家族が送迎する日を決めて、木崎さんを連れて行くしか手はないですね」と、私は2つ目の提案をした。

やはり、パチンコ自体をやめさせることは難しいかと、娘さんの落胆している様子が、電話の向こうから伝わってきた。

そこから娘さんは、週に1度、木崎さんをパチンコ店まで送迎することを決めた。娘さんは初めて送り届けたとき、「お母さん、2時間経ったら迎えに来るからね。延長はなしだよ！」と声をかけた。

すると、「ケチだねぇ。この1ヶ月来られなかった分を取り返してやるんだから」と憎まれ口を叩きながら、娘さんに分かったよと言う代わりに、手をヒラヒラ振りながら、颯爽《さっそう》と店の中へ消えて行った。

木崎さんを送迎するようになってから2週間が経過した頃、娘さんはその後の様子を報告しに来てくれた。

「不思議なことに、送迎を始めてからぴたりと電話は鳴らなくなったんですよ」と話す声は、以前よりも明るくなっていた。昔に比べるともちろん頻度は減ったものの、大好きなパチンコが再びできるようになり、木崎さんの心は落ち着きを取り戻したのだろう。

たとえ車がなくなっても、少し工夫をすれば、これまでの生活はある程度できるようになった。パチンコに行くことで、木崎さんはもちろん、娘さんも電話の悪夢から逃れることができて、結果的に二人の気持ちに余裕が生まれたのだ。

「この間母に、『命があるからこそパチンコができるということを身にしみて感じているよ。車を買えなんてわがまま言って悪かったね。毎週連れて来てくれてありがとう』って言われたんです。昔はこんなこと言う人じゃなかったのに」と、娘さんは少し照れくさそうに、そして嬉しそうに語った。

「以前、お母さんがなぜまたパチンコをやりたがるのか理解できないって仰っていましたが、例えばお母さんの趣味が、韓流ドラマを見ることだったらどうでしょう？　きっとやめさせていなかったんじゃないでしょうか」という私の言葉に、娘さんは黙り込んでしまった。パチンコというギャンブル性の高いもの、そこに自分の時間も取られるとなると、やはり誰しもいい印象は持ちにくいのだ。

「お母さんは確かに認知症の症状は少し出ていますが、きっと心はまだまだお若いのだと思います。だってパチンコという生きがいがあって、それを続けることができているのだから。しかもそれに大好きな家族が協力してくれている。だから、本当は自分で車を運転して行きたいけど、文句を言わなくなったのではないでしょうか」と、私は木崎さんの気持ちを推し量りながら伝えた。

「私、いい歳してパチンコにハマっている母を、心のどこかでずっと恥ずかしいと思っていました。だから平気で母から大事なものを取り上げようとしたし、それに対する抵抗を疎ましくすら感じていました。たとえ娘であろうと、母の楽しみに口出ししてはいけないんですね」と、娘さんはじんわり涙をにじませていた。

木崎さんの中にあるパチンコに行きたいという思いは、ずっと続いていて忘れることはない。認知症の人が忘れてしまうというのは、少し違うと私は思っている。大事だと思っていればいるほど、本人の中でそれは生き続ける。

大切なのは、そういった本人の大事にしまっている思いが、一体どこにあるのだろうかと私たちが探して寄り添うこと。それをしない限り、答えは絶対に見つからない。

しかし裏を返せば、鍵は本人がちゃんと持っているということだ。私たちが諦めずにそこへアプローチしていけば、きっと一番良い答えが浮かび上がってくるだろう。

普通の人であり続けたいと願う

広く認知症のことを知ってもらうために、地方で講演を行うこともまた私の大切な仕事の一つである。

講演では、認知症はこういう症状が出てくるので、先回りして様子を見ていきましょうね、と認知症の症例や対策などについて一つずつ具体的に説明している。

医者ではない私がなぜ講演をしているのか、不思議に思われるかもしれない。たいていの医者は、医学的知見からアプローチしていくため、一般的な認知症の講演というのは、教科書通りの無機的な説明をして、認知症の大変さを強調するものがとても多い。私はそのように皆さんを過度に怖がらせたくはないので、認知症を正しく認知してもらうための講演を地道に行っているというわけだ。

そして近年、認知症について語るのは、認知症のことを研究しているプロよりも、認知症を患っている本人が直接話すことが一番良いのではないか、という風潮が広がってきた。

そうしてできたのが、認知症の方の本人ミーティング*という考え方だ。「私たちを放置しないで。私たちを抜きにして、国の認知症対策を決めないで」という思いのもと、国の会議に認知症の方々が入っていくようになったのである。この本人ミーティングは、こんなことが大変だったとか、今こんな対策をしているよといったように、認知症の方同士が直接情報交換をする場にもなっている。

東京町田市にＤＡＹＳ ＢＬＧ！という団体がある。ＢＬＧは「Barriers Life Gathering」の略で、認知症の方々がボランティア活動などへ参加し、働くことを通して仲間と楽しい時間を過ごしたり、社会とのつながりをつくったりしていく、新しい形のデイサービスである。

私は本人ミーティングのような講演を目指すべく、DAYS BLG!代表の前田隆行さんに、若年性認知症の杉山さんという方にも講演会で話してもらえないだろうかとお願いすることにした。

「もちろん本人がOKしてくれれば全然構わないんだけど、やっぱり日によって浮き沈みがあるからなぁ。調子の波までは、さすがに私にも分からないんですよ」と、前田さんは淡々と話していた。

「本人の調子が良いときは本当に認知症の人なのかと疑われるほどスムーズに順序良く話してもらえるが、調子が悪いときは、話が変わったり、振出しに戻ったり。杉山さん頼むよ。任せたよ」なんて、笑いながら話している会話の内容は、認知症の人だからと区別も差別もしない素敵な関係の表れに感じた。

結局、一番近くでサポートしている前田さんが補足しながら当日の講演をリードしてもらう形でお二人に熊本まで来てもらえることになった。

そうして迎えた講演会当日、ありがたいことに杉山さんの体調はとても良かった。杉山さんは、少し緊張した足取りで舞台の中央に立った。

「『認知症の人は徘徊《はいかい》するものだ』とよく言われます。だけど、私たちは徘徊しているつもりは全くありません。ただ分からなくなっているだけなんです。

もしかしたら私も10分後には、どうしてここに立っているのか分からなくなっているかもしれません」という杉山さんの冒頭の言葉に、聴衆が一気に引き込まれていくのが分かった。

認知症になると、巨大なミラーハウスに迷い込んだ感覚に陥り、外出中に急に道が分からなくなることがある。それがたとえ慣れ親しんだ場所であったとしても、自分がどこにいるのか分からなくなってしまうのだ。

「今いる場所が分からなくなったとき、皆さんはどうしますか? おそらく、普通の健康な人であれば、歩いている人に聞くと答えるのではないでしょうか」と客席に問いかけると、確かにそうだなと多くの人が頷いていた。

「ここでちょっと想像してください」と、一呼吸置いて話し始めた杉山さんの声に、一層の力が入ったのが分かった。

「私のような若年性認知症の人間が、道端で見ず知らずの人に、『すみません。ここは一体どこですか?』と声をかけたとき、どんな反応が返ってくると思いますか。『急に変な人に声をかけられた』と思い、皆さんが足早に去って行く姿は想像に難くありません。皆さんが思っているほど、私たちは気軽に道を聞くことはできないのです。そもそも、聞ける世の中になっていないのです」と訴える杉山さんの言葉には、想像もしていなかった世界が広がっていた。そんな聴衆の気持ちを表すかのように、客席は重い静寂に包まれてしまった。

認知症の方は、恥ずかしいという気持ちが強く残っていて、道行く人に尋ねることができないケースが多い。また、認知症を患っている方が身近にいない人にとっては、認知症の方から急にここはどこ？　と聞かれたら、不気味だと思うこともあるだろう。

杉山さんは、この静まりかえった状況に怯《ひる》むことなく話し続けた。

「私は歩いている最中に道が分からなくなったとき、真っ先にコンビニに駆け込みます。店員さんに、『ここはどこですか？　こっちに行きたいんだけど、どうすればいいですか？』と尋ねると、必ず教えてくれるのです。そう、私はただコンビニを探して歩いているだけなんです。それなのに、ボケて徘徊していると思われるのはちょっと悲しいですよね」と残念そうに語った。

これまで私は、認知症の方はてっきりゴールだけを見ている、つまり家を探して彷徨《さまよ》っているとばかり思っていた。しかし、目的地に向かうためのポイントを探している場合もあるということを知った。

徘徊とは「あてもなく歩きまわること」を意味する言葉であるが、杉山さんの話によると、認知症の方の徘徊の中には、ちゃんと目的を持って考えながら歩いていて、迷ったからといって誰にでも簡単に声はかけないケースもあるという。この視点は、私の頭からスッポリと抜け落ちていたものだった。

「あと道に迷ったとき、ガソリンスタンドがあれば迷わず飛び込みます。ガソリンスタンドの店員さんも、しっかりと対応してくれますよ。ガソリンを入れない私にまで親切にしてくれるなんて最高ですよね」と、杉山さんの少しおどけた言い方に、それまで張り詰めていた会場の空気が一気に緩んだ。

「本当は交番がベストです。ただ交番は、お巡《まわ》りさんがいないときが多いですよね。だから私は道に迷ったら、コンビニ、ガソリンスタンド、そして交番の順にそれらを探し求めて歩きます。なぜなら、私は普通の人であり続けたいから」という杉山さんの締めくくりの言葉に、客席からは大きな拍手が湧き起こった。

やはり経験に勝るものはなく、今回の講演を杉山さんにお願いして本当に良かった。いくら私が認知症について学んだとしても、認知症の方の気持ち全てを理解することは不可能なのだ。

人間とは知らないものに対して恐怖心を抱きやすい生き物だ。

私は、杉山さんが講演会で話してくれた内容を、その後様々な場で伝えるようになった。そうやって、認知症の方の思いと我々が見ている世界のギャップを埋めることが、認知症に対する誤解を減らしていく近道となるだろう。

＊本人ミーティング

認知症の本人が集い、本人同士が主になって、自らの体験や希望、必要としていることを語り合い、自分たちのこれからのよりよい暮らし、暮らしやすい地域のあり方を一緒に話し合う場です。「集って楽しい！」に加えて、本人だからこその気づきや意見を本人同士で語り合い、それらを地域に伝えていくための集まりです。

引用：厚生労働省

リセットされる座席

世の中には、法律というみんなが守るべき絶対的なルールの他に、常識という暗黙のルールがある。法律は守らなければ罰則がある一方で、常識は従わなくても罰されることはない。けれど多くの人は示し合わせたかのように、常識に囚《とら》われて行動してしまう。

それは一体どうしてなのだろうか？

幼い頃は、きっとそんな常識には縛られていなかったはずだ。赤ちゃんが、今お母さんは忙しそうだから泣くのはあとにしよう、なんて思うはずがない。

私たち日本人は特にその傾向が強いのかもしれないが、家庭や学校の教育などを通じて、また大人になるにつれて、自由気ままに振る舞うことに対して、どこか制限をかけてしまっているのではないだろうか？

杉山さんの素晴らしい講演会が終わり、私は前田さんと杉山さんを熊本市内の宿へ送り届けた。

今夜はゆっくりしてもらい、明日は朝から熊本観光を思う存分楽しんでもらうことになっていた。熊本にはうまいものや温泉がたくさんある。２０１６年に起きた地震からも、少しずつではあるが復興してきている。

「熊本にはすずめの湯という秘湯があるんです！　泥湯だったり、混浴だったり、今日は楽しみにしていてくださいね！」という私の説明に、前田さんも杉山さんもとても楽しみにしている様子だったが、実は誰よりも私が楽しみにしていた。何を隠そう私は、お客さんをもてなすのが大好きなのである。

スタッフの岩倉さんに小型バスを運転してもらい、前田さん、杉山さん、私たちスタッフというメンバーで、いざ、熊本満喫の旅へと出発した。なんだか大人の修学旅行のような気分で、みんなワクワクしていた。

途中、トイレ休憩のために道の駅へ立ち寄った。

駐車場で一旦降りた私たちだったが、すぐに岩倉さんが「すみません、トイレから遠い方の駐車場に停めてしまったみたいです。近い方へ移動させるので、もう一度乗っていただけますか？」と声をかけてきたので、私たちは再びバスに戻ることになった。この2、3分というほんのわずかな間に、ちょっとした異変が起きた。杉山さんは我先にとバスに乗り込み、平然とさっきとは全く違う座席に座ったのである。前田さんを除くそれ以外のメンバーは、杉山さんが取った行動に驚きつつも、先程と同じ座席に座った。しかし、杉山さんはそのことを気に留める様子は全くなく、ずっと窓の外を見ていた。

この現象は一度きりではなかった。

その後、トイレ休憩を終えて再びバスに乗り込んだときにもまた同じことが起きた。そしてそれは、バスが目的地に着き、乗り降りするたびに繰り返されていく。

杉山さんだけが、あたかも今日初めてバスに乗るかのような面持ちで、色んな席に座っていく。ペットボトルだけは、杉山さんが元いた席にどんどん残っていった。それは、今までそこに確かに杉山さんが座っていたという証《あかし》だ。

「これ、杉山さんのペットボトルじゃないですかね？」と聞いても、「俺のじゃないと思うよ。今日は水を飲んでないからさ。俺はね、タバコさえ吸えればそれで良いんだよ」と返ってくる。そして私は「分かりました！　ありがとうございます」と話を合わせるのだった。

車内では杉山さんが、「今日はこれからどこへ行くんだい？」と、少年のように目を輝かせながら私に聞いてきた。

その様子を見て、前田さんは、「今日は温泉だって。有名な温泉地らしいよ」と、何事もなく初めて言うように振る舞っている。

「美味《おい》しいものを食べて、温泉に入って、今日は色んなところへ連れ回しますからね！　覚悟しておいてくださいよ」と、私は朝に言ったことを再び伝えたのだった。

そんなやりとりをしているうちに、私はようやく理解した。

杉山さんは、バスに乗り込むたびに新たな旅に出ているのだと。バスを降りることで、一つの旅の幕が閉じる。そのほんのわずかな時間が、幕間《まくあい》の役割を果たしていたのだった。

乗り降りするたびに座る席が変わる。認知症の方のこのような行動を見た人は、あぁ席を覚えていることができないのだなと思われるのではないだろうか。なぜなら通常、旅行でバスに乗るときは、その日初めて座った席が自分の指定席となるからだ。

正直に言うと、私も杉山さんの行動を初めて見たときは、驚きを隠せなかった。しかし指定席という概念は、私たちの世界でしか通用しない。杉山さんには私たちが持つ、同じ席に座らなければならないというような感覚は一切なく、常に自由席なのだ。

私たちが一つの連続した場面としてとらえているものが、認知症の方の中では連続していないケースが多い。認知症の方の世界観はまるで違うということを、私たちはまず知らなければならない。

そして、どんなときも、誰であっても、認知症の方の世界観を壊す権利はないのである。

杉山さんの様子を注意深く見ていると、杉山さんはバスに乗り込んだとき、景色がいい場所に座っていることに気づいた。心が突き動かされるままに、自分の座りたい席に座る。そこには杉山さんのピュアな気持ちがよく表れている。覚えられないのではなく、新たな旅に出ているだけ。美しい景色を見たいからここに座る、杉山さんはそんな自分の欲求に対して素直に行動しているだけなのだ。

こうしたい、こうありたいというのが、ずっと一緒である必要はどこにもない。朝ここに座ったから、ずっとここに座りたいのだろう、という私たちの勝手な常識を押し付けてはならない。過去から今を推測するのではなく、今どう思っているかを汲《く》み取っていくことこそが大切なのである。

そのことに気づいてからというもの、私は杉山さんがバスに乗ろうとするたびに、「どこに座りますか？」と先回りして言えるようになった。杉山さんが車内を見渡したときに、不安にならないようにそっとアシストするのだ。

「そうだなぁ。山がよく見えるから、ここにしようかな」と言いながら、杉山さんは楽しそうに席を選んでいた。私も「さすが、いい席を選びましたね」なんて言ったりして、和やかな時間が車内に流れるのだった。

前田さんは、そんな私たちのやりとりを見て、ゲラゲラ笑いながら、「杉山さんは覚えてないもんね」と軽やかに言ってきた。

そんなことを自然に悪気なく言えるのは、前田さんと杉山さんの間に信頼関係があるからだ。私がその境地に辿《たど》り着くことができるのは一体いつのことになるのだろうか。

若年性認知症の方は身体が動く場合が多く、杉山さんもその一人だった。当時61歳だった杉山さんは、「みんな俺に優しくしてくれるんだよ。もっと放《ほ》ったらかしにしてほしいんだけどな」とボヤいていて、その意味が初めはよく分からなかった。

しかし私は、杉山さんが階段を上ろうとした際に、一段下がった場所に自然と立っていたことにハッとした。いつ倒れてもいいようにと、自分でも無意識のうちにサポートしていたのだ。

もっとやりたいようにさせてくれ、これは杉山さんだけではなく、多くの若年性認知症の方の心からのメッセージではないだろうか。

今回杉山さんや前田さんと長い時間一緒にいたおかげで、私はとても大切なことに気づくことができた。

「これが余計な支援なのかもしれない」と、私はつい声に出してつぶやいていた。それが聞こえたのかどうかは分からないが、前田さんはニコニコしながら私の方を見つめていた。

秘密の脱出計画

介護の現場のスタッフは若い人たちが多い。早い人で18歳から、専門職の人でも22歳くらいから働き始める。

そして圧倒的に女性の割合が多く、オシャレへの関心は尽きないが、アクセサリーもネイルもすることはできず、化粧や髪型でオシャレを楽しむほかない。しかし女性はたいていの場合、髪の毛を切ると雰囲気がガラリと変わってしまう。そしてそれが仕事をする上で仇《あだ》となってしまうこともある。

施設に入居している高瀬さんは、四六時中サポートが必要な方で、10人弱のスタッフが常時入れ替わり立ち替わりそばにいる。つまり、スタッフとはほぼ毎日家族のように顔を合わせているという状態だった。

あるとき、高瀬さんをサポートしている山崎さんが、髪の毛をバッサリ切ってしまった。

そんな山崎さんが、「高瀬さん、トイレに行きましょうね」と声をかけると、ビクッとして「あなた誰⁉」「トイレ？」「なんで行かないといけないの？」「ここの職員さんなら名乗ってちょうだい」と、高瀬さんは強めの拒否反応を示すようになってしまった。

私たちは誰かが髪の毛を切ると、その人の新しい髪型として記憶を上書きすることができる。もちろん翌日もその事実を覚えていることができる。しかし認知症の方は、そういった変化をアップデートすることができないのだ。

「高瀬さん、私です！　山崎です！」と必死に訴えるのだが、悲しいことにそれはあまり意味をなさない。なぜなら認知症の方は、名前で覚えているのではなく、姿形の特徴やその人の印象、関係性でとらえていることが多いからだ。

スタッフの山崎さんは、いつも髪の毛を束ねている、と高瀬さんは認識していた。そして、山崎さんが髪の毛を切ってしまったことで、高瀬さんの中に存在していた山崎さんは跡形もなく消え去ってしまった。その代わりボブヘアーの新人が来た、高瀬さんはそのように感じているのだった。

認知症ケアの現場では、そういったことが頻繁に起こるので、私はここ20年くらいずっと同じ髪型をしている。

夏に暑いからといって、バッサリと髪の毛を短くしたり、オシャレや気分転換のつもりでパーマやヘアカラーを入れたり、ポニーテールやツインテール、三つ編みや編み込みなど髪の結い方を変えたり。たったそれだけのことで、長い時間をかけて築いてきた存在への認識が振出しに戻ってしまうなんて、もったいないし、とても悲しいことである。

「もう、高瀬さんの信頼は取り戻せないのでしょうか」と肩をガックリ落とす山崎さん。

「以前のようになるのは難しいかもしれない。なぜなら高瀬さんは今の山崎さんを全くの別人だと思っているからね。けどね、ここからまた関係を築いていけばいいんだよ」と励ました。

「姿形による相手への認識は、一見不便のように思えるんだけど、それを逆手に取ったケアもあるんだよ」と、目の前の山崎さんを元気づけようと、私は昔話を始めた。

とあるグループホームのスタッフとしてサポートしていた日。私は、入居者の方たちへ挨拶しようとホーム内をうろうろしていた。

「健ちゃん！　やっと迎えに来てくれたのね」と、私の顔を真っ直ぐ見ながら一人のおばあちゃんが話しかけてきた。

「井口さん！　この方は、甥《おい》っ子さんじゃなくて、新しいスタッフの川畑さんですよ！」と、先輩スタッフが慌てて間に入ってくれた。

「何を言っているの？　健ちゃんよ。ねえ」と言って、井口さんは私の腕を放そうとしない。私は先輩に目で合図をしながら、「あら、久しぶりですね。元気にしてました？」と話を合わせることにした。すると井口さんは嬉しそうに、「ねぇ。あっちで作戦会議をしましょう」と、私を談話室に引っ張っていった。

あとで先輩に聞いた話だが、井口さんの甥っ子さんと私は、体型がとても似ているのだそうだ。井口さんは認知症がかなり進んでいて、自分がグループホームにいることを認識できず、監獄にでも入れられていると勘違いしている。そして、早く家に帰りたい、と毎日のように愚痴をこぼしていた。

「私ね、ここを出ようとするんだけど、あそこのドアに鍵がかかっていて、どうにもうまくいかないのよ」と話す井口さん。メインのドアは外からは入れるのだが、中からは4桁の数字を入れなければ開かず、入居者は勝手に外に出ることができない。

「健ちゃん、あなたがこっそり外に出してくれないかしら？　そこからは私一人で帰れるから」と井口さんは、脱獄計画を立てている囚人かのように声を潜《ひそ》めて話していた。

いくら内側からドアが開かないとはいえ、万が一井口さんの身に何かあっては大変だと思い、試しに脱出計画に協力してみることにした。

「分かったよ。だったら植物に水をやるふりをして、夕方に一度外に出てみようか」と提案すると、「うんうん、それはいい作戦だね！　やろうやろう」と、井口さんも乗り気になってくれた。

夕方になって、私は井口さんを外に連れ出し、一緒に花の水やりを始めながら「どんな花が好きなの？」とか「畑でどんな野菜づくりをしていたの？」「上手に育てるコツは？」「その野菜を使った料理の方法は？」など他愛のないことを質問し話し始めた。驚いたことに井口さんは、外に出てしばらくすると、家に帰りたいという思いをすっかり忘れてしまったように私との話に夢中になってくれたのだ。15分くらい経ち、私が「そろそろ中に入って休もうか？」と言うと、「うん。そうね。今日はあなたと話せて良かったわ」なんて言いながら、素直にホームの中へ入ってくれた。

認知症の方の感じている世界は私たちとまるで違うので、イライラや不安をすぐに取り除いてあげることはできない。けれどこちらが、認知症の方の世界に飛び込むことはできる。すると何に対して恐れを感じているのかが少しずつ見えてくるのだ。

井口さんの不安は、家に帰れないことだった。しかし外に出たことで、これまで立ちはだかっていた大きな関門を突破することができ、ホッとしたのだろう。そして、誰かとゆっくり話したいということも心のどこかで願っていたのかもしれない。

毎日一時間も二時間も扉の前で格闘していた井口さんが、今回はものの15分で収まってしまった。その日以来、私以外のスタッフであっても、水やりという名目で一緒に外に出てお喋りすることで、井口さんの不安は徐々になくなっていった。その人に寄り添ったお決まりのルールをつくることで、外への執着をとりのぞくことに成功したのだ。

誰も自分のことを知らない、外に出られない、看守に見張られている、そんな状況であれば、誰だってイライラするに決まっている。そのような不安に気づき、寄り添うことが大切なのである。

よく家族の方から、この場合どうしたらいいでしょうか、という質問をされるのだが、私は逆に「どうしたいですか？」と聞き返すようにしている。なぜならその答えは現場にしかなく、私はヒントを引き出しているにすぎない。もちろん似たようなケースを紹介することはできるが、そのまま適用できるかといえば、合わないケースがほとんどである。

だから介護の世界では画一ケアは不可能とされている。どのような人生を歩んできたのか、どんなときに喜ぶのか、そうした小さな質問を積み重ねて初めて、アドバイスができるのである。

「山崎さん、このケースはたまたまうまくいったにすぎないんだよ。より良いサービスを提供するためには、話を聞いてヒントを探っていくしかない。ご本人やご家族との対話を増やしていくことが一番の近道だよ」と優しく伝えた。

散歩で見つけた宝物

人間、誰しも色んな顔を持っている。家庭では優しいお父さん、職場では厳しい上司、そしてスナックでは陽気な常連客。そんな多くの顔を持っていても、根本的な性格というのは変わらないだろう。

しかし、認知症の方の中には、私たちには家とは全く違うペルソナを見せていることがある。医者や弁護士、そして先生といった、人から敬《うやま》われるような仕事をしていた方にそれは起こりやすい。施設ではスタッフに褒めてもらって気分よく過ごせるのに、家ではなかなかそう扱ってもらえない。だから内と外で人格が豹変《ひょうへん》してしまうことがあるのだ。

大学教授だった齋藤さんは、定年退職後ほどなくして若年性のアルツハイマー型認知症になり、デイサービスを利用するようになった。とてもあっけらかんとした性格の齋藤さんは、よく笑う人、というのが私の中での印象だった。自分の席やトイレの場所が分からなくなって迷ってしまうたびに、「分かんなくなっちゃった〜あはは」と、いつも笑って過ごしていたのだ。だから私も他のスタッフも、齋藤さんを穏やかでさっぱりとした性格なのだと思っていた。

ある日、そんな齋藤さんを自宅へ送り届けたとき、奥さんに「今日もご主人、デイサービスで頑張っておられましたよ。最近お家ではどんな様子ですか?」と尋ねてみると、奥さんの表情が一瞬曇ったことを私は見逃さなかった。

そして、訴えかけるような目で、「家では大変なんですよ」とボソリと言った。齋藤さんに聞こえないように配慮しているのだろう。私はそんな奥さんの気持ちを察し、「分かりました。ではまた日を改めてお邪魔させていただきますね」と、後日、詳しい話を聞かせてもらうことになった。

数日後、齋藤さんがデイサービスへ行くタイミングを見計らって、再び奥さんを訪ねた。「主人はいつもニコニコしているんですけどね、何かスイッチが入ると、カッとなって手がつけられないときがあるんです」と話す奥さんの声は、心なしか震えているように感じた。

元大学教授ということもあって、きっと周りの人になかなか言いだせなかったのだろう。介護とは、得てして孤独に陥《おちい》りやすいものである。

「分からない状態が続いたとき、主人はすごくイライラして家の外へ出て行ってしまうんです」と、奥さんは齋藤さんの日々の行動について話し始めた。私たちに見せていた顔とは全く違う齋藤さんの様子に、正直驚きを隠せなかった。

大学では林業を専門としていたので、山歩きが得意だったという齋藤さん。一旦外に出ると一、二時間は帰って来ないらしい。「ちゃんと帰って来るかどうかも心配ですし、あと別の問題があって」と言いながら、奥さんはおもむろにカーテンを開けた。「これは一体……」と私は思わず声が出てしまった。庭の犬走りにはたくさんの両手サイズの石が並べられていたのだ。いや、鉱物と言った方が正確かもしれない。聞けば職業柄、昔から珍しい木や石を持ち帰っていたそうだ。

「どこから持ってくるのか分からず、返そうにも返せないんです。もうどうしたらいいのか」と嘆《なげ》く奥さんに、私は「今度ご主人が散歩に行くとき、こっそりついていって様子を見てみますね」と協力することを決めた。

2日後、齋藤さんが散歩に出たとの連絡を受け、私は刑事になった気分で追いかけた。近くの川から持ち帰っているのだろうと思っていたが、私の推理は見事に外れてしまった。なぜなら散歩ルートに川は入っていなかったからだ。小一時間が過ぎた頃、齋藤さんがとある家の庭から石を持ち出す様子が見えた。確保！　と叫びたい衝動を抑えながら、すぐさま奥さんに連絡した。帰宅した齋藤さんに、偶然を装って「素敵な石をお持ちですね」と声をかけると、「これ落ちてたんよ。珍しいだろ？」と嬉しそうに語る齋藤さんとは対照的に、奥さんの顔は暗く沈んでいた。

しばらくして、近所で石がなくなることが話題に上り始めた。

そこで奥さんは、齋藤さんが持ち帰っていることを全て正直に話すことを決めた。地域の人からは泥棒呼ばわりされるかもしれない、そんな思いで胸が押し潰されそうだった。

しかし、意外にもそれは杞憂《きゆう》に終わることとなった。奥さんの心配とは裏腹に、「そういう事情だったら仕方ないですよ。ご主人は、きっと今でもお仕事をしているつもりなんでしょうね。人生でそれくらい情熱を注げるものがあるって素敵なことじゃありませんか」と、地域の人たちは齋藤さんの行動に理解を示してくれたのだ。

奥さんにかけられたそれらの温かい言葉は、これまで凝り固まっていた心を、優しくほぐしてくれた。一人で悩まず、もっと早く打ち明けておけば良かった、と肩の荷が下りた奥さんは、みんなに気づかれないようにそっと涙を拭った。

齋藤さんのことを恥ずかしい、ひた隠しにしたいという気持ちと、周りの人に迷惑をかけ申し訳ない気持ちが、いつも心のどこかに潜んでいた。そしてそう思ってしまう自分にも嫌気が差していた。心に余裕などあるはずもなく、いつもギリギリの状態だった。齋藤さんの行動には困らされてばかりだったけれど、結果的に介護の孤独から救ってくれることになるなんて。

それからというもの、齋藤さんが不在の間になくなった石を地域の皆さんが取りに来てくれるようになった。齋藤さんがいないときに行うことで、齋藤さんは自分の大切な宝物を、ずっと宝物のままにすることができた。

そしてこの状況がもう何年も続いている。齋藤さんの様子を、地域全体で見守っているのだ。今では、道行く人々が散歩をしている齋藤さんに声をかけたり、奥さんに齋藤さんの所在を教えてくれたりするようになった。

現在では、齋藤さんはデイサービスからショートステイに切り替わった。ショートステイへ行っている間は、一人の時間をゆっくり取れるようになったので、奥さんはさらに自分自身を見つめることができるようになった。

離れる時間があるからこそ、フラットな感情で再び接することができるのだ。そして齋藤さんは、施設ではあっけらかんとした性格に戻って機嫌良く過ごしている。

このように家族が一時的に介護から解放されるよう、ショートステイなどを利用し、家族も本人もリフレッシュできる時間を取ることをレスパイトケアと呼ぶ。施設に入れることを後ろめたく思う人もいるだろう。けれど、こうして適度な距離感を保つことが、介護をする家族にとっても、ひいては認知症の方にとっても、ストレスを少なくして過ごせる大切な秘訣《ひけつ》なのである。

「スタッフの方が、頑張っていましたよと言ってくれるたびに、頑張ってなんかほしくない。いっそのこと身体なんて動かなければいいのに、と思っていました。けどそれって、主人のやりたいことを妻である私が否定してしまっていることに他ならないんですよね。地域の皆さんが協力してくれたことによって、そして、主人から少し離れることができたことによって、主人も私自身も本当の自分を取り戻せたような気がします」と、奥さんはどこか吹っ切れた様子で話してくれた。

私待つわ、いつまでも

つい口にしてしまう言葉には注意した方がいい。

「大丈夫ですか?」「どうされましたか」、これらの言葉は、もちろん本心から言っていることだと思うが、何度も繰り返し聞かされると、その気持ちを疑いたくなったり、その言葉の裏を読んでしまったりしてしまうものだ。

これは認知症ケアの現場だけではなく、友人や部下、パートナーに対する全てのコミュニケーションに当てはまるのではないだろうか。

桜井さんは、64歳で若年性認知症を患ってしまった。息子の弘樹さんは、日中家に一人置いておくのが心配だからと、デイサービスに預けることを決めた。

弘樹さんは「母ちゃん、帰りはスタッフの人が家まで送ってくれるからね。夕方まで言うことを聞いておとなしくしとってな」と声をかけ、仕事へ向かった。施設へ預けることに対して後ろめたさもあったが、ちゃんとご飯も出るし、レクリエーションもあるし、母ちゃんにとってはその方がいい、そう自分に言い聞かせながら車を走らせた。

デイサービスの初日というのは、誰しもソワソワしてしまうものだ。

もちろん桜井さんも例外ではなかった。スタッフが桜井さんの近くを通るたびに、どうされましたか？　と声をかけるのだが、「いえ、大丈夫よ」と返ってくるばかりだった。午前中が終わる頃になっても、落ち着かない状態が続いていたので、「トイレに行きましょうか？」とスタッフが声をかけてみた。認知症の方がソワソワするときは、トイレを我慢している場合が多いのだが、ここでも「いえ、大丈夫よ」と、同じ返事がくるだけだった。

正午になり、食堂のテーブルの上には昼ご飯が並び始めた。すると突然桜井さんは立ち上がり、「私帰るわ！」と言って、エントランスの方へ駆け出して行った。

桜井さんは、17時半まで預かることになっていたので、あと5時間以上はここにいてもらう必要がある。「まだ帰れませんよ！」と、あるスタッフが通せんぼをすると、「どうして帰れないのよ！」と、桜井さんは声を荒らげて猛抗議した。一触即発の状態を見かねた私は、「今からみんなでお昼ご飯を食べましょう」「もしかして何か用事でもあるのですか？」と優しく尋ねると、「私、今日お金を持ってきてないから食べられないの」という答えが返ってきた。

そうか、そこを心配していたのかと合点した私は、「大丈夫です。お金はいただいていますからね。安心してくださいね」と伝えると、桜井さんは逆立てていた毛を下ろしてくれた。何時までいたらいいのか分からない、ご飯を食べることもできない、そんな焦りから不安を覚えてしまうのは当然のことである。

その後、なんとか送迎の時間までやり過ごすことはできたのだが、2回、3回と回を重ねるたびに、桜井さんは「やだ、またここに来たの」とデイサービスをいやな場所だとインプットするようになってしまった。そして、ついに恐れていた事態が起きた。

「あなたたち、送るって言う割に少しも送ろうとしないじゃない。私は一体どこで待てばいいのよ！」と、桜井さんの怒りが爆発してしまったのだ。

その日から桜井さんは、玄関から一番近い椅子に座るようになった。業者が出入りするたびに必死に脱出を試みるのだが、スタッフに阻《はば》まれてしまいことごとく失敗した。

家へ帰してくれという要求が日に日に強くなっていき、スタッフたちもどんどん疲弊していった。そして色んなスタッフから、担当は私じゃない、もう少し待って、といったうわべだけの言葉を聞かされて、もう埒《らち》があかないと思った桜井さんは、面会に訪れた初対面の人に対しても、外に出たいと訴えるようになってしまったのだ。

このままでは、家でも施設でも桜井さんが安心して過ごせる場所がない。そんな事態を打開するべく、桜井さんが座っている椅子のすぐ横に、簡易バス停を設置することにした。

桜井さんは「あら、この時間まで待つしかないのね」と、17時30分とだけ記してある時刻表を見ながらつぶやいた。そしてスタッフは「今日は私がお送りしますからね」と言って、バスの運転手としての肩書きを記したニセモノの名刺を差し出した。バス停と名刺という、視覚に訴える作戦が功を奏し、桜井さんの状態は少しずつ落ち着いていった。

しかし残念ながらこの効果は2ヶ月くらいしか続かなかった。「名刺をいただきましたけど、全然誰も声をかけてくれないじゃない」「私は家に帰りたいの」と、以前にも増して、桜井さんは怒りをあらわにするようになった。

そう、バス停と名刺の威信は、あっという間に地に落ちてしまったのだ。これは、小手先でなんとかしようと、社交辞令で対応したために起きてしまった事態だ。

「私、役所でたらい回しにされていやな気分になったことを思い出しました。それと同じことをまさか自分もやっていたなんて」と、あるスタッフが言った。その場しのぎの言葉を何度も聞かされると、誰だって自分が蔑《ないがし》ろにされていると感じてしまうだろう。

何かあったら声をかけてくださいね、という言葉は、一見その人のことを思っている発言のように見えるが、これではどんなときに声をかけていいのか分からず孤独を感じてしまう。その結果、スタッフへの信頼はどんどん失われていくのだ。

2時間後にバスが来ますからねとか、10時になったらお風呂に入りますからね、と具体的に言ってあげることで初めて、認知症の方は落ち着くようになる。そしてそれを繰り返し言葉を変えながら伝えることが大事なのだ。

それからというもの「あと10分したらお昼ご飯ですよ。お代は弘樹さんからいただいていますからね」と丁寧に伝えるようになった。

すると「あら、あなた弘樹の知り合いなのね」と、桜井さんの態度はみるみるうちに軟化していった。弘樹さんの名前を出すことで、この人は息子とよく話している人だという安心感が生まれたのだろう。

「弘樹さんは今日帰りが遅くなるって仰っていたので、家へお送りするのも遅くなりますね」と伝えると、あれほど待つことをいやがっていた桜井さんが、すんなり納得してくれるようになった。

そして「弘樹さん、お仕事大変そうですね」と、弘樹さんのことも気遣うことで、コミュニケーションは格段にスムーズになっていった。そしてついに桜井さんはデイサービスへの通所をいやがることがなくなっていった。

あるとき弘樹さんが、休日にわざわざ顔を出してくれた。

「最初家ではデイサービスの文句ばかり言うものだから、入れん方が良かったかなって心配しとったんですけどね。最近は楽しそうに、今日はこれを食べた、こんなゲームをしたと教えてくれるようになったんですよ」と話してくれた。

私は弘樹さんに「長い間、桜井さんには辛い思いをさせてしまいました。本当に申し訳なかったです」と謝罪した。

「けれど、そこに光を与えてくれたのは他でもない、弘樹さん、あなたのおかげなんですよ」と感謝の言葉を続けたが、弘樹さんはいまいちピンときていなかったようだ。

毎日使う言葉だからこそ、誠心誠意その気持ちを乗せていかなければ意味がない。表面的な会話をしたところで、本人からの信頼を勝ち得ることはできないのである。

私は、基本的な、だけどとても大切なことを、桜井さん親子から教わった。

カーディガンに込められた思い

認知症の方は、服を必要以上に着込んでしまう方がとても多い。特に春や秋といった、自分で脱ぎ着して調節しなければいけない時期に起きやすかったりする。

これは介助する側としては気が気でならない。なぜならお年寄りの方々は、汗腺が少なくなっているので汗をかきにくいからだ。服をたくさん着ると、熱中症や夏バテを引き起こす要因となるので、私たちも自然と目を光らせてしまう。こまめにお茶や水を飲んでくれるならまだいい。しかし、喉がかわいたという感覚もあまりないので、厚着のまま水分を取らずに過ごしていると、気づいたら体調が悪くなっていたというケースは往々にしてある。

本人は暑さ寒さを感じにくいので、服を着ようが着まいがどちらでも良かったりするのだが、スタッフが「ちょっと暑くなるかもしれないから、脱ぎましょうね」と声をかけても、なかなか脱ごうとしてくれない。

ここで無理やり脱がそうとするのは絶対にやってはいけない。なぜなら、強制されると、何がなんでも動かないぞ、というように意地を張ってしまい、頑なに脱がなくなってしまうからだ。

そう、それはまるでイソップ寓話の『北風と太陽』のようである。

9月中旬、朝晩は涼しくなり、だんだんと秋めいた気候になってきた。だが、いくら夏の厳しい日差しが和らいできたとはいえ、お昼頃になると気温は30度近くになる。

私なんて半袖なのに、施設内を走り回っているせいか、空調の効いた室内でも常に汗をかいている。デイサービスに来られる皆さんは、帰りに寒くなるといけないからといった理由で、一枚多めに羽織ってくる人が多い。そして、急に寒くなるかもしれないからと、さらにもう一枚羽織ってくる人さえいる。そうなると完全に厚着になってしまう。

角田さんというおばあちゃんも、そんな厚着をしてしまう一人だった。

レクリエーションで盛り上がったあとに角田さんを見ると、おでこにうっすらと汗がにじんでいた。おそらく本人は、暑いと感じていないようだが、やはりこうして身体の反応として出てしまっている。

それをめざとく見つけたスタッフが飛んできて、「角田さん、一枚脱ぎましょう。ちょうどもうすぐお風呂の時間ですからね！」と口やかましく言っているのが聞こえてきた。

「いや、でも私は脱ぎたくないのよ」と、頑なに拒む角田さん。そんなことはお構いなく、「いいえ、私は角田さんに脱いでもらうよう、ご家族から頼まれているんです！」とか「この施設では、一枚脱ぐのがルールなんです！」とか、本人の合点がいかない理由を並べ立てて、この「北風スタッフ」はどんどん剝《は》いでいこうとする。

かたわらで見ていると、それはまるで山賊のような所業だ。

もちろんこの施設にそんなルールは存在しない。そしてそんなふうに言われると、もう絶対に脱ぎたくなくなってしまうのが、人間の心理というものではないだろうか。

しかし、この北風スタッフを責めることができないのも事実である。なぜなら、50人ほどの利用者を常に見なければならない状況で、脱がないことで角田さんが健康を損ねてしまったら、角田さん一人に多くの時間を取られることになってしまう。

つまり、下手に放置して体調を悪化させるより、今脱いでもらう方が得策というわけだ。北風スタッフは、施設全体のことを考えて、そして角田さんの身体のことを思って動いているのに、なかなかうまくいかないという、ジレンマを抱えてしまっている。しかしながら、いくらたくさんの人数を見ているからといっても、それは私たちの都合であって、角田さん本人には全く関係のない迷惑な話だ。

脱ぎたくないという思いには必ず理由がある。それは、決して寒いからというわけではない。その奥底に隠された、本当の理由を見抜くことこそが認知症ケアの現場では大切なのである。

「角田さん、どうして上着を脱ぎたくないのですか？　この部屋が寒いからですか？」と、私はシンプルにその理由を尋ねてみた。

「いえいえ、そうじゃないのよ。脱いだ服をなくしたくないからに決まっているじゃない」と、全く予想していなかった答えが返ってきた。

私は「ということは、脱ぐのは別に構わないというわけですか？　脱いだあとに服をどこかへやってしまいそうだから、脱ぎたくないのですか？」と、角田さんの思いを汲《く》み取りながら聞き返してみた。

「そうよ。だって私って、カバンも帽子もすぐにどこかへやってしまって、いつも大騒ぎをしているでしょう？　それが心配だから脱ぎたくないのよ」と、角田さんは笑いながら言った。堂々とそう言ってのけるくらい、角田さんの中では、何かをなくしてしまうことへの自覚と不安が強かった。

私は「なるほどですね。それだったら、あちらに洋服を入れる棚があるので、そこに入れておきませんか？　私が責任を持って管理しておきますからね。そして角田さんが帰るときには必ずお渡しするようにしますよ。それだったら、脱いでも大丈夫ですか？」と提案してみた。

「まぁ。あなた、そんなことまでサポートしてくださるの？」とびっくりする角田さんに、「もちろんです。お安いご用ですよ！　私にお任せくださいね」と笑顔で答えた。

施設では、ロッカーを一人につき一つは確保しているし、もちろんそのことはきちんと伝えている。けれど、今回の角田さんのように、そもそもロッカーがあることを忘れてしまっていたり、どうやって使えばいいのかが分からなかったりする人がほとんどだ。また、利用したとしても、ずらりと並んだ50近くあるロッカーを目の前にすると、どのロッカーに入れたのか分からなくなってしまうケースは本当に多い。

例えば、私たちだって、巨大なショッピングモールの広い駐車場で、どこに車を停めたかを注意深く覚えておかなかった場合、似たような風景の中で戸惑った経験をしたことがある人は少なくないだろう。そうならないために、私はスマホで駐車場のエリアのナンバーを撮ったり、妻に場所を覚えてもらったりしている。

イソップ寓話の『北風と太陽』の教訓を簡単にまとめると、相手を無理やり動かそうとすると、相手は頑なな態度でそれを拒否してくるが、相手を思いやる心や気持ちがあれば、相手もそれに応じて心を開き協力的になる、ということだ。今回の角田さんのケースはまさにこの寓話の教訓を表しているのではないだろうか。

私はいつだって太陽として皆さんと接し続けたい、そんな思いを胸に抱くようになった。

「このカーディガンね、孫が初めてのお給料で買ってくれたものなの。だから絶対になくすわけにはいかないのよ。帰るとき必ず返してちょうだいね。約束よ」と、角田さんはそう言いながら、大切な思いのつまったカーディガンを私に預けてくれた。

たかが上着一枚ではない。そこには私たちの知らない物語が確実に存在している。

私は角田さんのカーディガンとともに、色褪《あ》せないお孫さんとの記憶までも預かった気持ちになった。その大切な思い出を決して壊さぬよう、カーディガンを丁寧に畳んで、角田さんのロッカーにそっと入れた。

自分が自分でなくなっていく

市町村の認知症対策の一環として、「脳いきいき教室」という事業があり、私は運営講師として教室を展開している。

ここでは、短期記憶に対する苦手や計算や書字に対する不安を持ち始めた方々や、元気なうちから備えておきたいという方々を対象に、脳活性化を目的とした専用のカードプログラムやパズルプログラム、運動プログラムを提供している。

もちろん地域で気になっている方もアルツハイマー型認知症と診断を受けた直後の方も、病院や地域包括支援センターからの直接のお誘いや行政の広報紙を見て申し込む形でやってくるのだ。

私はこの教室に来ていた、大森さんというおばあちゃんの一言を、永遠に忘れることはできないだろう。

大森さんは、2016年4月に起きた熊本地震によって、家が倒壊してしまい、仮設住宅で一人暮らしをしていた。長く続く余震への不安で眠れない日も続いた。そんなある日、家族と一緒に行った物忘れ外来で認知症と診断がついた。その後脳いきいき教室へ週に一度の頻度で参加してもらうようになり、記憶や心をケアしていくという生活が続いていた。

地震から一年半が経過した頃、息子さんが大森さんのために家を建ててくれたので、辛かった仮設住宅での暮らしにようやく終止符が打たれた。新しい家は決して広くはなかったが、一人で住むには充分で、その家が大森さんにとって大切な宝物となった。

この頃の大森さんに、「何か嬉しいことはありますか?」と尋ねると、「そりゃ、もちろん家ができたことですよ。息子がね建ててくれたのよ。だから家中をピカピカにしているの」と、とびきりの笑顔で語る大森さんは、とても眩《まぶ》しく輝いていた。

けれど、こんなに元気な大森さんであっても、徐々に進行していく認知機能の低下には抗《あらが》えなかった。教室に通い始めた頃は、近所だからと歩いて来ていたのだが、だんだん難しくなっていった。実はそのことについて、息子さんからも相談を受けていた。

その頃息子さん家族は、教室の日の朝には必ず大森さんに電話をしてから送り迎えをしてくれるようになっていた。以前は朝に一度電話をすれば、お昼の教室の時間まで覚えていたのだが、少し前からは、まず朝に電話して、そしてお昼前にも電話して、それから迎えに行くと、まだ出かける準備をのんびりしている状態が多くなっていたという。出かける準備をしているときはまだ良かった。最近では、前もって数回電話をしてから迎えに行っても、「あら。今日は教室の日だったかしら？」と言われるようになってしまった。

徐々に頭の働きが低下していく大森さんを、息子さん家族はとても心配していた。そしてそれは、大森さん本人が一番不安に感じていたことでもあったのだ。

私は教室の冒頭で「最近どんなことがありましたか？」とか、「昔はどんなことがありましたか？」といったように、過去と現在の記憶の引き出しの練習として質問を投げかけてみる。

予定していた2時間のプログラムを終え、片付けの準備をしていると、大森さんが私のところへやってきて「ちょっといいかしら？」と私を廊下へ連れ出した。

「私ね、もう全然覚えていられないの。あなたが今言っていることも、ちょっと時間が経つと、どうやら忘れてしまっているみたいなの」と、大森さんは申し訳なさそうに語った。こんな弱気な大森さんを、私は初めて見たような気がする。

大森さんは「ねえ。あなたは、今私のことがちゃんと見えているのよね？」と、唐突な質問をしてきた。

私は少し困惑しながらも、「もちろん、ちゃんと見えていますよ。だからこそお喋りができているんじゃありませんか」と優しくなだめるように言葉をかけたのだが、どうして大森さんはこんなことを聞いてくるのだろうか、と私は少し不安になった。

「そうね。あなたが見えている私は、形としてはもちろんここにあるわ。だけどね、私の頭の中はもうすっかり空っぽなのよ」と私の目を真っ直ぐに見つめ、そして次の瞬間、大森さんは悲しい表情の中にもしっかりと私と目を合わせこう言った。

「私、もう人間じゃないのよ……」という言葉に、私はしばらくの間、二の句を継ぐことができなかった。そして大森さんはこう続けた。

「あなたの目には、私は人間として映っているかもしれない。でもね、私自身が知っている、私らしさや人間らしさというのは、もう失われつつあるのよ。きっとそのうちに消えてなくなってしまうんだわ」と語る大森さんの心からの叫びに、私は圧倒されてしまい「どういうことですか？」と聞き返すので精一杯だった。

「私はね、ばかになってしまったの。だから、もう、人間じゃなくなってしまったのよ」と、ついには「教室の皆さんに迷惑をかけるのでもうやめようと思う」と大森さんは首を横に振りながらそう話した。

「全然迷惑なんてしていませんよ！　大森さんは、計算もできるし家のこともできる。今みたいにお喋りだってきちんとできているじゃありませんか。それに若い頃の話もよく覚えていますよね。得意なこともまだまだたくさんあるんですよ」と、私はどうにか大森さんの心を救い上げたい一心で、必死にまくし立てたが、大森さんには届かなかったようだ。

「ううん。全然覚えていないから、もう人間じゃなくなったの。私の本体はもうどこにもいないの。形だけがここに存在しているだけなのよ」と、大森さんは同じ言葉をただ繰り返すばかりだった。

自分らしさがもうどこにも見当たらない。だから、自分は人間ではない。

これが認知症の方の思いだったのか。私は大森さんの言葉に打ちのめされて、一人取り残された廊下で、呆然とただ立ち尽くしていた。

そこから私は、大森さんを今まで以上に注意深く見るようになった。

大森さんにはできることがたくさんある。それをもっと自覚してほしかった。記憶するのが苦手と考えるのではなく、誰かに頼るという考え方にシフトしてもらう。息子さん家族に覚えてもらったり、私が代わりに覚えておきますからねと伝えたりすることで、大森さんの記憶を肩代わりすることができる。それが本人の心理的不安を軽くすることにつながるのだ。

認知症の人は何もかも分からないのではない。分からないということは分かっている。つまり、私たちが想像している以上に本人は気づいてしまっている。何かがおかしい、いつもと様子が違う、そんな思いが本人の中でずっと続いているからこそ苦しいのだ。

この間までできていたことができなくなる、自分が自分でなくなっていくことへのカウントダウン。いよいよ人間じゃなくなってしまうと感じる恐怖。

そんな自分の中にある不安を伝えたとき、大森さんは一体どんな心境だったのだろうか。そして打ち明けられた私は、深い深い悲しみの底に突き落とされてしまった。

認知症ケアに何十年も携わっているのに、大森さんの不安に寄り添うことができず、そんな言葉を言わせてしまった。

大森さんは記憶をすることは確かに苦手だ。ただ、息子さんに家を建ててもらって嬉しいと言う感情は、どれだけ認知症が進もうが、きっと忘れることはないだろう。

自分の感情を大きく揺さぶられた出来事は、何人たりとも干渉することはできない。たとえ認知症であっても、簡単には奪うことができない。なぜならそれは、魂に刻まれた記憶だからである。

限界を決める権利は誰にもない

認知症の方は、出来事を継続して覚えていられない一方で、以前見たことや意識したことが頭の中で続いてしまったり、次に注意を向けることができなくなってしまったりすることがある。

これを保続《ほぞく》というのだが、例えばある行動が適切でない場合も、ずっとやり続けてしまうという事態に陥る。

グループホームに、85歳の伊藤さんという保続の症状を持ったおばあちゃんがいる。

スタッフが「今日は終わりにしましょうね」とか、「片付けは終わりまししたかね」と言ったその瞬間、「おわり」という言葉がスイッチとなり「尾張名古屋は城で持つ〜」という一節を、部屋中に響き渡るような大声で叫び、それを何度も繰り返してしまう。周りの方もそれに反応して、起きたり騒ぎ出したりしてしまうものだから、スタッフはその対応に疲れていた。

伊藤さんは、ほんの小さな「おわり」を決して聞き逃さない。だから、スタッフの中で「おわり」という言葉は禁句となり、「おわり」ではなく、「おしまいにしましょう」と言い換える、暗黙のルールが出来上がってしまったのだ。

私はこのスタッフたちの対応に少し疑問を抱いていた。そもそも禁句にする必要はあるのだろうか。伊藤さんは、別に暴れるわけではないし、その場の雰囲気が止まるくらいで、誰にも迷惑はかけていない。私たちが言った言葉に応えてくれるのは、むしろ良いことではないだろうか。

そう思った私は「試しに伊藤さんに話を振ってみよう」と思い立ったが、あからさまにスタッフはいやがる素振りを見せた。

「伊藤さん、尾張名古屋の続きはなんでしたっけ?」と、私はストレートに尋ねてみた。すると「尾張名古屋は城で持つ〜」とまた大きな声で叫び出した。

私は、ほら見たことか、と言わんばかりのスタッフの視線を意に介さず、「そうでしたね！　尾張名古屋は城で持ってんでしたよね。伊藤さんお詳しいですね」と続けると、「昔な、母から教わったのよ。うちの母はそりゃもう厳しかったんだから」という言葉が伊藤さんの口から出てきた。

これまで伊藤さんは、尾張名古屋は城で持つというフレーズ以外は喋らないと思われていたので、このことに周りのスタッフはびっくりしてしまった。

伊藤さんの「おわり」スイッチが一旦入ってしまうとエンドレスになるため、スタッフは極力喋らせないようにロックをかけていた。もちろん、伊藤さんが大声を上げることによって他の人まで収拾がつかなくなり、対応が大変になってしまうということは分かる。

実は伊藤さんの席の隣に、「おーうー」しか言わない平野さんというおじいちゃんがいるのだが、平野さんは、伊藤さんの尾張名古屋の一節に相槌を打つように声を発してしまう。そうやってズルズルと連鎖していくことを、スタッフは嫌ったのだ。けれどそうした状況の中で、何かを引き出していくことこそが、私たちのやるべきことではないだろうか。

人間の頭の中には、通常五万語が入っていて、1日に男性は七千語、女性は二万語を使ってコミュニケーションを取るといわれている。

平野さんは高度認知症という、重度の認知症を患っていた。認知症の最後の段階に近づくと、言葉の数はだんだんと減っていき、五万語が、千、百、そしてyesかNoの二語になっていく。これが一語になったら、全てがyesになるのだ。ご飯を食べたかと聞いても、食べていないのかと聞いてもハイと答え、どっちですか？　と聞いてもハイと答える。この一語がゼロになった瞬間に、平野さんのように単語ではなく発声だけになってしまう。

だから平野さんは、もう言葉を失ってしまったのだとスタッフの誰もがそう思っていた。この状態は、平野さんが数年前に入所したときからずっと続いていたので、そう思うのも仕方のないことだろう。

あるとき、グループホームのレクリエーションで、ことわざゲームをすることになった。「犬も歩けば」とお題を出すと、「棒に当たる！」と元気よく答える伊藤さん。

「さすがですね、お母さん厳しかったですものね」と言うと、「そうなのよ、母に鍛えられたのよ」と嬉しそうに話してくれる。しかしことわざを逆さにすると、皆さんは途端に解けなくなってしまう。「河童の」とお題を出したときは「川流れ」と正解できていたのに、「川流れ」を先にすると、「美空ひばり！」という愉快な答えが返ってくる。

また「目の上の」という問題には、「たんこぶ」と答えられるのに、「〇〇の上の〇〇」とちょっと難しい問題を出してみると、「雲の上の存在」という素敵な答えで私たちを驚かすのだった。

ことわざゲームも最終問題となり、皆さんにスッキリ終わっていただくために、分かりやすい問題を出すことにした。

元気な伊藤さんが一番に答えるのだろうかと私はワクワクしながら、「笑う門には」と問題を出してみた。すると「福来たる！」という声が、予想していた方向とは全く異なる場所から飛んできたのだ。そして、そこにいたスタッフ全員が声の方向を振り返り驚愕《きょうがく》した。

「しゃ、喋った」と自然と声が漏れていた。なんと、答えを言ったのはあの平野さんだったのだ。もう言葉を失ってしまったと思われていた平野さんが、数年ぶりに喋ったのだ。

そこで私たちは理解した。平野さんは言葉が分からないわけではない。言葉を喋れないわけではない。ただ私たちが促していなかっただけということを。もっと本人に分かる話や、引き出しやすい言葉を振らなければならなかったのだ。

平野さんは確かに高度認知症で、摂食嚥下能力の低下やバランス障害も出現していた。しかし、言語能力に対しての見立てについては、私たちの認識があまりにも甘かったと言わざるを得ない。

誰しも認知能力の波というものはある。1日の波、1ヶ月の波、ややもすると半年、そして1年のビッグウェーブがある。この1年は調子が悪かったとしても次の1年は調子が良いときだってある。

そんな大きな流れの中で、様々な周期の波の良い状態が重なった瞬間に、今回の奇跡が起きたのではないだろうか。

平野さんは、福来たると答えたことをきっかけにして、言葉が少しずつ出てくるようになった。もちろん文章で話せるわけではないけれど、平野さんが話せる単語は少しずつ増え、そして以前よりもよく笑うようになっていった。

寝たきりや昏睡になる前の最後の症状の一つとして、笑う能力の喪失というものがある。平野さんが今笑えているということは、最終段階にまでは達していないということを意味する。

グループホームでは1ユニット九人に対して二人のスタッフで見ることにな

っている。そして夜間は一人で見なければいけないときだってある。てんやわんやの中で、大声で叫ぶ人がいると、周りの人たちにも波及していく。

その対応が面倒だからと禁句をつくったり、もう言葉を失っているからといって話しかけなかったりすることは、その人の可能性の芽を私たちが摘み取っていることに他ならない。

これでは一体何のための介護なのだろうか。

コントロールをするのではなく、寄り添ってその人の可能性を引き出すこと、これが本当の介護のあるべき姿だと私は思う。

押してダメなら引いてみる

何度言っても企画を通してもらえなかったのに、その見せ方をちょっと変えただけで、意外とすんなり通ったという経験はないだろうか？

自分でも熱が入り過ぎて企画の穴に気づかなかったり、執拗《しつよう》に言われると上司も引っ込みがつかなくなったりと、色んな事情はあるだろうが、アプローチを変えてみるとうまくいくことは往々にしてある。

熊本県のとある小さな村に、よく目立つ白石さんというご夫婦がいた。

旦那さんは村議会の議長を立派に務めている方で、奥さんの雅子さんは、昔地域のママさんバレーでアタッカーとして活躍した、ちょっと口の悪い典型的な肝っ玉母ちゃんだった。そんなでこぼこ夫婦をこの村で知らない人はいなかった。

雅子さんは現在86歳。認知症の診断がついたのはここ1年の話だが、かれこれ7年くらい前からその傾向は出ていた。

白石さんは、議会が開かれている時期はほとんど家におらず、雅子さんはたった一人で家にいるのだが、活発な雅子さんがおとなしくしているはずもなかった。

「あら、お父さん、今日はいないのね。ゆっくり散歩に行こう」と思うこともあれば、「お父さん、全然帰って来ないわね。まさか事故に遭ったのかしら。役場まで見に行かなきゃ」と心配してしまうときもあり、どちらにせよ外出してしまうのだった。

白石さんの家は山の中腹にある。麓《ふもと》の役場までは車で約15分、高齢者の足では軽く一時間を越えてしまうため、雅子さんが歩いて行けるような距離ではない。誤って山頂の方へ向かってしまうときだってある。

そんな雅子さんは地域ぐるみで見守られていた。

白石家の異変を察知するや否やお隣さんは「もしもし、白石さんとこの奥さんが、家におらんみたいなんやけど、車を出してくれんかな?」と、山頂と麓の知り合いにそれぞれ電話をかけ、山の一本道を上と下から挟み撃ちにして捜索する仕組みが出来上がっていた。そして無事に発見されると、どちらかの車で帰ってくるのだった。

白石さんの住む地域は、高齢者は二人に一人という高い割合なのだが、村のみんなで認知症の方をサポートする体制になっている。これには、認知症の進行を緩やかにしたり、認知症の方の孤立を防止したりという様々なメリットがある。だからこそ白石さんも、雅子さんを一人家に残して仕事に行けるのだ。しかし昨年の夏、徘徊ではなく、全く別の問題が起きてしまった。

初夏になり、だんだんと暑さが厳しくなってきた。

人口が少ない地域とはいえ、議会運営は骨が折れるな、とそんなことを考えながら、白石さんは帰宅した。そして、玄関を開ける前に庭へまわり、楽しみの一つである家庭菜園の様子を見に行った。

「な、ない……」と白石さんは驚いた。なんと、大きな葉が数枚出ていたキュウリの苗が、根こそぎむしり取られていたのだ。誰かのいやがらせかとも思ったが、周囲の雑草までご丁寧に抜かれていたので犯人が分かった。「きっと雅子がやったんやな」とガックリ肩を落として家の中に入った。

「お帰りなさい。庭の雑草がすごいことになっていたから、抜いといたわよ。暑い中頑張ったんだから」と得意げな様子の雅子さんに、「お前、なんてことをしてくれたんだ！　どう見たってキュウリって分かるだろう！」とつい声を荒らげてしまった。雅子さんを怒らせると大変になることは分かっているのだが、今日だけはどうしても我慢できなかった。

案の定「何よ、お父さんが全然やらないからでしょう！」と強い口調で言い返されると、「もういい。分かった」と言って白石さんは結局引いてしまった。そうやって一度は水に流そうとしたが、やはり諦めきれない。キュウリの苗をよく見るとまだ根っこがついていた。白石さんは、一縷《る》の望みをかけて、もう一度苗を植え直したのだった。

翌日、洗濯物を干そうと庭に出た雅子さんは、「あら、また生えているわ。本当にこの雑草しつこいのね」と言って再び抜いてしまった。雅子さんの頭には、緑のものは根こそぎ抜かなければいけない、とインプットされたようだった。この日の白石さんの落胆ぶりは言うまでもない。

「どんな対策をしても全然うまくいかないんです。何かいい方法はないでしょうか?」と、白石さんは私のところへ相談にやってきた。

「ご本人の家の庭だから、草むしりをするなって言ってもやってしまうでしょうし、難しいですね」と、すぐにはいい考えが浮かばなかった。

しかし、どうしてもキュウリを植えたいという白石さんのために、私は知恵を絞った。雅子さんから見えない場所に植えるのはどうかと提案するも、日当たりがよくないから育たないということで、却下されてしまった。「要するに、奥さんが立ち入らなければいいんですよね?」と私はいい案を思いつき、白石さんに必要なものを揃えてもらった。

「川畑さん! 今回はうまくいきました!」と、翌日白石さんから連絡がきた。今回白石さんに準備をしてもらったのは、黄色と黒の立ち入り禁止を示す標識ロープと、それを通す杭4本、ただそれだけだった。それらを家庭菜園のまわりにぐるりと巡らせて、奥さんがその中に入って苗を抜かないかどうか実験してもらったのだ。

「けど、どうしてあれだけ口で言ってもダメだったのに、こんな簡単な方法で防げたのでしょうか?」と不思議がる白石さんに、「認知症の方は、言われたことよりも、目で見たものの方がより印象に残りやすいんですよ」と、そのカラクリを説明した。

雅子さんは、心揺さぶられることがないと、きっとどんな手段を講じても抜いてしまうだろう。そのため、入ってはいけないという注意を促すために、標識ロープはうってつけだったのだ。だから何も言わなくても、ここには入ってはいけないというメッセージを、雅子さんの本能が感じ取ってくれたのだろう。

月は常に存在しているが、太陽の光の当たり具合によって見えたり見えなかったりする。認知症の方の認知機能も、満月のようにはっきりと分かるときと、新月のようになくなってしまうときがある。このロープは雅子さんにとってはまさに満月の役割を果たしてくれたのだ。

それから1年が経ち、白石さんがキュウリの浅漬けを持ってきてくれた。昨年は、何度も引き抜かれたせいで、結局苗はダメになってしまったのだが、今年は無事に収穫できたようで本当に良かった。

「色んな野菜があると思うんですが、どうしてキュウリを大事に育てているんですか」と私は、もらった浅漬けを頬張りながら、白石さんに素朴な疑問を投げかけてみた。

「冷やすだけで簡単におつまみになるんよ」と、しどろもどろになって話す白石さんを不審に思った私は、何か隠し事をしていないか追及した。

すると、白石さんは顔を真っ赤《まか》にして「ま、雅子の漬けたキュウリの浅漬けが大好物なんよ。だから頑張ってつくっとっと」と白状してくれた。

今私が口にしている浅漬けに、そんな夫婦の愛が込められていたとは。いやはやごちそうさまでした、と白石さんにお礼を言った。

嫌われているという思いこそ妄想である

身の回りのものが見つからないとき、誰かに盗《と》られたのではないかと思い込んでしまうことがある。

これは認知症の初期によくある症状の一つで、「物盗られ妄想」という。自分が認知症だと思いたくなかったり、家族に迷惑をかけたくないあまり、自分のものは自分で管理をしなければと頑張ったり、そうした中で、自分がしまった場所を忘れてしまうことが原因で起きてしまう。

認知症でなかったとしても、あるべきところから大切なものがなくなれば、誰しも不安になってしまうに違いない。例えば、出かけている最中に、さっきまであった財布がカバンの中からなくなっていたとしたら？　どんな人でも盗まれたと思ってしまうのではないだろうか。認知症の方は、それが日常的に起きやすい状態であるということを覚えておいてほしい。

ある日、フランス在住の平井さんから、SOSのメールが届いた。日本の実家に住んでいる認知症の母と、その介護をしている妹との喧嘩《けんか》が絶えず心配だ、という相談内容だった。メールによると、妹さんの疲弊がもう限界まできていて、平井さんは見ていられないらしい。そこで、フランスの平井さんと、神戸に住んでいる妹さん、そして熊本にいる私との3人をオンラインでつないで、一度話をすることにした。文面だけでは状況が分からないことがあるのはもちろんのこと、私自身も伝えきれないことがたくさんあるからだ。

平井さんからのメールでの前情報では、平井さん一家は貿易商を営んでいるそうだ。平井さんはフランスで商品の買い付けや管理を行い、そして妹さんは経理面で家業をサポートしている。

お母さんは、1年ほど前から認知症を患い、現在では経営の第一線から退いたのだが、それ以来、お母さんの身の回りのことは妹さんが見るようになった。そして今回、妹さんがもう耐えられないとお姉さんに泣きついたのだ。

お母さんは、わざわざ海外から化粧品を取り寄せるくらい化粧が好きで、ドレッサーの前には、日本では決して買うことのできないたくさんの化粧品が並んでいるという。ことあるごとに妹さんはお母さんから、「ファンデーションが見当たらないんやけど、あんた使ったやろ?」とか、「財布のお金、あんた盗ったでしょ」とか、全く身に覚えのない疑いをかけられる。

勝ち気な性格の妹さんは、「お母さんの化粧品なんて使うわけないじゃない! 勘違いしないでよ!」と応戦してしまうものだから、そのたびに喧嘩になってしまい、今では精神的にかなり追い込まれているようだ。

オンラインで初めて平井さん姉妹と顔を合わせたのだが、確かに妹さんを見ると、肌艶《はだつや》が良くなかったり、髪の毛がボサボサだったりと、画面越しではあるが、日頃の介護の疲れが見て取れる。下手すると5歳離れたお姉さんの方が、若く見られるのではないだろうか。

「母は、昔から私のことが嫌いだったんです。だから言いがかりばかりつけてくるんでしょうね。週に1度来てくれるヘルパーさんに対しては、外面《そとづら》の良さを発揮して、ニコニコするばかりで全く疑いもしません。本当に、私に対してだけそういったいやがらせをしてくるんです」と言いながら、妹さんは必死に涙を堪えている様子だった。

私は少し迷ったが、物盗られ妄想のターゲットになりやすい人の特徴を正直に話すことにした。

「実は、認知症の方がそうやって誰かのせいにしてしまうときというのは、それが間違っていたときに許してくれる人にしか疑いをかけないものなんです。裏を返せば、お母さんは、あなたのことをとても大切に思っているんですよ」と切り出したのだが、妹さんはすぐには私の言葉の意味を飲み込めない様子だった。

「つまりですね、私のものを盗ったでしょという言葉の裏側には、『間違っていたらごめんね』という意味が含まれているんです。つまり、あなたのことをとても信頼している、とお母さんは伝えたいんですよ」と、混乱している妹さんに理解してもらえるよう、なるべく分かりやすい言葉を選んで伝えてみた。

「だから週に1度しか来ないヘルパーさんよりも、毎日近くで介護をしてくれている妹さんを信頼するのは、お母さんにとって自然なことなんですよね」と口にしたその瞬間、妹さんの瞳のダムは、ついに決壊してしまった。

私は、妹さんにその涙の理由を尋ねてみた。

「いつも母は、お姉ちゃんばかり可愛がっていたんです。フランスで色んな商品を見つけたり、向こうの企業との橋渡しをしたり、そんなふうに頑張っているお姉ちゃんを見て、『お姉ちゃんに比べて、あんたほんまに何もできへん子やね』と文句ばかり言われていたんです。二人きりの姉妹ですので、母には昔から何かにつけてお姉ちゃんと比べられていました」と、こぼれ落ちる涙を拭《ぬぐ》うことも忘れて、これまでのことを教えてくれた。

「だから、母から嫌われていることはあっても、まさか信頼されているなんて思いもしませんでした。今までいやがらせばかりしてくると思っていたけれど、私はその考えを変えなければいけませんね」と気づいてくれた。そんな妹さんを見て、「お母さん、私の前ではあなたのこと、仕事も介護もようやってくれているって褒めとったよ。直接は言いづらいから、私に言ってたんやね。なんだかお母さん、子どもみたいやわ」と平井さんはにこやかに言った。

それから2ヶ月後、私たちは再びオンライン上で集った。「この間のお姉ちゃんの言葉のおかげで、子育てをしているような感覚で、母と向き合えるようになりました。結婚もまだしてないんですけどね」と苦笑いしながら、そう話す妹さんの表情は、前回とは比べ物にならないくらい穏やかになっている。「子どもが甘えていると思うと、なんだか全て可愛く見えてきたんです。ちょっと不機嫌なときも癇癪《かんしゃく》を起こしているんだなと思えるようになりました」と、心の余裕が徐々に出てきたようだった。聞けば、ヘルパーさんに週2回来てもらうことにより、妹さんの物理的な負担が以前に比べて減ったそうだ。

「そしたらこの間、ヘルパーさんまで疑うようになってしまって。けどヘルパーさんは慣れたもので、上手に対応していましたね」と妹さんは笑っていた。お母さんにとっては、心許せる人が増えたというわけである。私は安心して、このミーティングを終えた。平井さん家族は、きっとこのあとに起こる困難も、家族で力を合わせて、乗り越えていってくれることだろう。

過《あやま》ちを許してくれる人こそ、信頼している人こそ、物取られ妄想の対象になりやすい。それには疑われる対象者が安堵《あんど》・安心の要《かなめ》であることを理解して、私たちは接する必要がある。もし、疑われたことに対して腹を立て、本気で言い返しても何の意味もない。

介護とは親と子の関係が逆転していくことを、どれだけ受け入れられるかどうかにかかっていると私は思う。つまり、介護というのは、子育てと同じくらい尊いものであるべきなのだ。何かがなくなったとき、できる限り心に余裕を持ち、一緒に探してほしい。宝物を探す子どもを、見守る親のように。

一度閉じた心はテコでも開かない

お子さんがいらっしゃる方であれば、登校拒否という言葉には敏感に反応するだろう。しかし、認知症ケアの現場では登校拒否ならぬ入浴拒否という現象が日々繰り返されている。登校拒否をしている子どもに、無理やり学校へ行かせようとしても逆効果であるのはお分かりだと思うが、それは入浴を拒否する認知症の方にとっても同じことである。無理強いされればされるほど、その態度は急速に硬化していくのだ。

お風呂嫌いの湯川さんを、どうにか定期的に入浴させたいという思いで、湯川さんの家族はデイサービスの利用を決めた。湯川さんは72歳で身体は元気ではあるが、少し認知機能の低下が見られるという状態だ。「私、汚れてないし臭くないから」というのが湯川さんの口癖だった。

確かに人間は、汗をかかなければ、洋服さえ着替えておけば、多少お風呂に入らないくらいでは臭くならないものだ。しかしながら、家族からスタッフに課されたミッションは、入浴をさせること。だからどんな理由があれ、これは必ず達成しなければならないとスタッフは意気込むのだ。

「湯川さん、お風呂に入りましょう！」と、スタッフから声をかけられても、湯川さんは案の定色んな言い訳をして拒否してくる。スタッフも家族からの強い希望がある以上、負けずに毎回あの手この手を使って誘導しようとする。「お願いですから、私のために入ってください」なんて訳の分からない理由をつけるものだから、「どうして、あなたのためにお風呂に入らなきゃいけないの？」と猛烈な反発に遭い、作戦はことごとく失敗する。お風呂に入るメリットが本人に全くないのだから、この結果は至極当然のことである。

それでも、午前中の入浴タイムに全てを済ませる必要があるため、スタッフの声かけは執拗に続いた。すると湯川さんは、これまでの言い訳では生ぬるいと判断したのだろう、「私、風邪気味だからお風呂はやめておくわ」という理由を口にするようになってしまった。これではスタッフは手も足も出ない。こうして湯川さんは、自分を守るための最強のキーワードを手に入れたのだった。入浴できませんでした、という報告が少しずつ増えていくにつれ、湯川さんの家族からは、「これじゃ何のためにデイサービスに預けているか分からんじゃないか」と怒られるようになってしまった。本人の希望で入浴させることができないとはいえ、家族の要望を満たしていない以上、スタッフとしてもバツが悪い。「孫の結婚式が控えているから、次は絶対に入れてほしい。お願いしますよ」と念を押されてしまった。

そして数日後。これまでの汚名を返上するべく、スタッフはついに強硬手段に出た。「今日は入る日って決まっているんです！」と言って、いやがる湯川さんを無理やりお風呂場に連れて来て、「ここまで脱いだから、もう入ってしまいましょうね！」と、3人がかりで入浴させてしまった。そのやり方が良くなかった。それからというもの、湯川さんは一切お風呂に入らなくなってしまったのだ。それまでは、拒否をしつつも数回に一度は入ってくれていたのに。

そうして私のところに相談が来た。入ってくれたときはどういう状況だったのかと質問すると、「温泉は好きですか？　気持ちいいですよねとか、私と一緒に入りませんか？　と声をかけたときに入ってくれました」とスタッフは答えた。聞けば、素敵なあなたが背中を流してくれるんだったら入ろうかしら、と上機嫌のときすらあったそうだ。

やはり、頑なな気持ちは、温かい言葉で溶けていくもののようだ。しかし残念なことに、たった一回の強制連行のせいで、開きかけていた心の扉は固く閉ざされてしまい、一筋縄では開けることができなくなってしまった。

現在の本人の様子を尋ねると、お風呂の「お」の字を聞いただけでも拒否反応を示すようになったという。「とはいえ、ご家族の希望もあるので、お風呂には入れたいのですが、もう八方塞がりです」とスタッフは嘆くばかりだった。

「まずは、今の湯川さんの状態をご家族に説明するのが先決ですね」と伝え、私は次のような提案をした。なぜ一切入らなくなってしまったかの事件の経緯、これからしばらくの間、お風呂に入らないことを家族に覚悟してもらうこと、その代わり温かいタオルで毎回身体を拭く、この3点を理解してもらいつつ様子をみようということでまとまった。

意外なことに、洋服をめくって身体を拭くというのは、いやがらずにやってくれた。どうも洋服を全部脱ぐことが湯川さんにとって負担になっていたようだ。身体を拭くことを1ヶ月間続けたあと、次のステップとして、足湯の気持ちよさを体験してもらうことにした。それらを行うときに、会話一つ一つを大切にしてほしいということもスタッフに伝えた。熱くないですか、痛くないですか、大丈夫ですか、たとえ分かっていたとしても、必ず聞くことが重要なのである。なぜなら、これを徹底することで人間関係を構築していけるからだ。それが良かったのか、足湯も湯川さんはすんなりと入ってくれた。

しばらくしてから、奇跡が起きた。「明日はお医者さんの診察があるそうですよ。きれいにしましょうか?」とスタッフがさりげなく言ったところ、「そりゃきれいにしておかないと、先生に失礼だもんね」と、あんなにいやがっていた湯川さんが、自らお風呂に入ると言ってくれたのだ。

実はこれも作戦の一つ。診察とは名ばかりで、白衣と聴診器を身につけたスタッフが回診の真似事をしているだけなのだが、定期的に医者が来るというストーリーを事前に湯川さんの耳に入れておいたのだ。そこから湯川さんは徐々にではあるが、入浴してくれるようになった。

湯川さんの場合、汚れてないから入りたくないと言っていたが、実際のところ、お風呂に入ったときに何をしていいか分からなくなってしまったことが、入浴拒否のきっかけだった。シャンプーのボトルが分からない、シャワーの使い方が分からない、お風呂から上がったときに何を着ればいいのか分からない。お風呂に入るたびに混乱することがたくさんあり、疲れてしまったのだ。実はこのような理由で、入浴拒否をする高齢者の方はとても多い。

なぜ私たちは、身体や頭の調子が低下した状態の人に、規則正しい生活を求めてしまうのだろうか。制限をかけるのではなく、本人のしたいようにさせ、そこをサポートすればいいだけの話である。

「僕も、風邪をひいたときや残業で遅くなったときは、お風呂が面倒になります。まして飲んで帰ってきたときは、お風呂のことなんてすっかり忘れてベッドに倒れ込んじゃいます。自分でもいやなことを無理強いしていたんですね。母を再びお風呂に入れるようにしてくれて本当にありがとうございます」と息子さんはお礼を言ってくれた。

湯川さんのように一度ダメになったとしても諦めないでほしい。その理由を紐解いて、つなぎ直していくと、改善していくことは可能なのである。そこで諦めると、それ以上の結果は絶対に見込めない。けれど諦めずに向き合うことで光は必ず見えてくるものだ。

ブラジルからの贈り物

認知症の方は、忘れて迷惑をかけないようにと必死で頑張っている。また、家族の方も完璧に介護をこなそうとするあまり、本人の認知機能の低下に目くじらを立ててしまうケースがあるのだが、実は余計な力を入れ過ぎないことが、認知症と上手に付き合っていくコツだったりする。

1950年代半ばから、日本政府は戦後の急激な人口増加への対応策として、ブラジル移民の政策に乗り出した。

新谷さん夫妻は、「地上の楽園」というキャッチフレーズに惹かれ、22歳の頃にブラジルへ移住した。しかし現実はそう甘くはなかった。開拓した土地は全部自分の土地になると聞いていたのに、実際現地に行ってみると、そこには荒れ果てた土地が広がっているだけだった。

「私たちは騙《だま》されてしまった、そう思って途方にくれていましたよ」と語る奥さんは、口ではそう言いながらも、当時の思い出を愛おしそうに懐かしんでいた。

「開墾なんてとてもできないから、わしらひよこをたくさん買《こ》うてきて、養鶏業を始めたんよ」と旦那さんも思い出話に花を咲かせていた。ひよこが互いのお尻を突ついて傷つけないように、熱した鉄をくちばしにジュッとあてていたそうだ。「そんとき、ひよこは涙を流すんじゃよ。あの涙は今でも忘れられんなぁ」という旦那さんの言葉に、奥さんもうんうんと頷《うなず》いていた。

新谷さん夫妻は、現在83歳で、定期的に市町村の認知症対策事業の脳いきいき教室に来てくれている。二人ともMCIと呼ばれる軽度認知障害を患ってはいるが、60年も前の出来事を、昨日のことのように話すことができている。水と餌はもちろん、ケージの中をきれいにしてあげるのが大切だよとか、一羽一羽に今日も元気な卵を産んでくれよと声をかけるのがコツであるとか、かれこれ1時間くらい当時のことを話している。

「そうするうちに卵がたくさん取れるようになってな。地元の人からも、お前は日本から来た卵の神様じゃ言うてもらえるようになったよ」と、とても誇らしげに語っていた。

50歳を過ぎ、子どもたちは大きくなり、また親の介護の問題も出てきたため、ようやく日本に帰ってきたそうだ。

「まぁ、行ったときは大変じゃ、騙された、なんて思っていたけど、日本に帰ってきたら、何も知らんブラジルでよう頑張ったなとお互いを褒め合ったよ」と、奥さんと目を合わせながら、楽しそうに話す旦那さんだった。

ある日の教室の終わり、「川畑さん、ブラジル肉ば食わんかね?」と新谷さん夫妻に声をかけられた。ブラジル肉とは、ブラジル流にお肉を焼いたもので、とても美味しいらしい。お肉に目がない私は、二つ返事で誘いに応じた。

呼ばれたのはちょうどお盆の時期で、親戚の方が大勢集まる中、私たち家族もそこに入らせてもらった。私は会話のきっかけになればと思って、「ひよこの涙の話ば聞かせてくださいよ」とか「どうやったらいい卵を産んでくれるんでしたっけ?」とか、二人が喋りやすいような話題を振った。

すると、新谷さんのお孫さんは、「じいちゃんたち、そんなことをしていたんだね！」と、目を輝かせて聞くのだった。

それ以降、新谷さん夫妻とはずっと交流が続いていた。前回家に招いてもらってから2年は経った頃だろうか。旦那さんから「川畑さん、そろそろブラジル肉食いたくなったんじゃなか？　週末家族で集まるときにたくさんつくるんじゃけど、余りで良かったらいらんかね？」と声をかけてもらった。

「あのときのお肉の味をまだ覚えていますよ！　ぜひともいただきたいです！」と喜んで答えると、「うんうん。なら、来週嫁さんに持たせるから食べてな」と言って新谷さんは帰って行った。

そして1週間後の教室の日。家を出る前に、今日はブラジル肉をもらってくるからねと家族に伝えると、妻も子どももとても嬉しそうだった。

「はい、これ。主人に持って行けって言われたお肉よ。川畑さんは本当にお肉が好きなんですね」と言いながら、奥さんはビニール袋を渡してくれたのだが、その重さに驚いた。

「たくさんいただいてしまってすみません。ありがとうございます！」とお礼を言って私は足早に家路に就いた。すると「あなた、これ、生の鶏肉なんだけど。どういうことかしら？」と、袋から中身を取り出した妻が、驚いて私のところに飛んできた。ブラジル肉は牛肉のはずなのに、しかも保冷剤すらついていないなんて、どう考えてもおかしい。新谷さん夫妻の間に、何か行き違いがあったのだろうか。

そしてまた1週間が経ち、旦那さんが教室にやってきて「お肉美味しかったか?」と声をかけられた。やはり旦那さんは、調理した牛肉を持って行けと伝えたようだった。しかし奥さんは勘違いして、冷蔵庫にある生の鶏肉を持ってきてしまったのだ。

私はその事実を伝える代わりに「とても美味しかったです。家族も喜んでいましたよ」と言うと、新谷さんはとても嬉しそうだったが、このやりとりで私は確信した。奥さんの認知機能の低下が進んでいるであろうことを。

その後、やはり奥さんの方から、最近物忘れがひどくなってきた、という申し出があった。日常生活の中での失敗が増えてきたことに対して、不安そうな奥さんに、「これからはご家族にも頼るようにしましょうね」と伝えた。

また、家族の方にも、奥さんが困っている場合は率先して助けたり、代わりに覚えたりしてくださいねとアドバイスをした。

そして穏やかに2年が経過した。

私はあるとき奥さんの頭の健康チェックに立ち会ったのだが、そこで驚くべきことが起きた。このチェックでは、24個の連想しやすい単語を見せ、思い出せる単語の数が10個以下となると頭の働きの低下があるとみなされる。さらに5個以下になってしまうと、日常生活に支障をきたすレベルだと判断されてしまう。このテストを半年に一度行っていて、これまで10個以下が多かった奥さんだったが、今回はなんと11個も覚えることができたのだ。

いい結果が出ましたよと伝えると、奥さんはニコニコしながら、「私、物忘れはあるけれど、周りの人たちが本当に良くしてくれるのよ」と言い、旦那さんも「忘れるのはしょうがなかけん、ブラジルに行ったときみたいに支え合っていかなんたい」とケラケラ笑っていた。

テストが終わってから、ブラジルの話を聞かせてほしいとリクエストすると旦那さんはひよこの話を雄弁に語り、奥さんは和やかに聞いて場が盛り上がるのだった。

人生において経験したことというのは、そう簡単には抜け落ちないものだ。それを上手に引っ張り出しながら会話をすると、認知症の方にとって刺激になるのはもちろんのこと、周りの家族にとってもいい影響を与える。親戚の前でブラジルでの活躍ぶりを本人の口から語ってもらったことは、二人の功績が今後脈々と伝えられていくきっかけとなったに違いない。

周りが優しく寄り添うことで、認知症の進行は少しずつ緩やかになっていくことを私は現場でたくさん見てきた。

介護する側が疲れて、イライラしたり怒鳴ったりすると、残念ながらその症状は悪化していくと言わざるを得ない。

新谷さん一家のように、本人と家族が協調しながら楽しく生きること、これが、認知症と向き合う皆さんへの一番良い処方せんではないだろうか。

街中のカーチェイス

認知症と交通事故は、切っても切れない関係がある。

自分が認知症だと気づいていない場合、自損事故を起こす割合がとても高い。その一方でさっきの角を曲がるんだったと、急ブレーキを踏んで後ろから追突されてしまうというケースもある。しかしこの場合、玉突き事故を起こした真犯人が自分だと分かっていないことすらある。

このような事故を引き起こしてしまう前に、家族の方には、車体に傷がないか定期的にチェックしてもらいたい。

早めに気づくことで、事故を起こすことなく認知症ケアに移行していけるからだ。そしてそれは本人や家族だけではなく、道行く全ての人々のためでもある。

認知症に気づくきっかけとなるのは、物忘れがひどくなってきたり、道に迷うことが多くなってきたりすることが一般的ではあるが、ときには思いもよらぬことで発覚することもある。

「あと10分早く出ておけばな……失敗したな」と本城さんは悔しそうに独り言を言った。取引先での打ち合わせが思ったよりも長引いてしまい、運悪く夕方の帰宅ラッシュに巻き込まれてしまったのだ。だが、契約がうまくまとまりそうで一安心し、今日の晩御飯はなんだろうなんてことを考えながら、熊本市内を運転していた。

本城さんは65歳のバリバリの会社経営者だ。

先輩経営者と免許返納の話になることもあるのだが、休日のゴルフを何よりも楽しみにしている本城さんにとっては、身体的な限界でゴルフができなくなるまでは、免許は返納しないつもりだった。まだまだ経営に携わっていたい、そのためにはゴルフができるくらい元気な身体でいなければな、そう思いながら、前の車のテールランプをぼんやりと眺めていた。

熊本市というのは渋滞が頻繁に起こる都市だ。なぜなら路面電車がそこかしこに走っており、本来片側4車線であるところが、1車線使えなくなってしまうからだ。それゆえ朝夕のラッシュ時には毎日のように渋滞が起きている。ただ救急車や消防車といった緊急車両は、路面電車の軌道内を通行することができるので、緊急時における渋滞の影響は限りなく少ない。

今日は3連休前の金曜日。家路を急ぐ車の列で道路はひしめき合っていた。「それにしても、前の車は遅過ぎやしないか。また信号が変わってしまうじゃないか！」と、イライラが最高潮に達した本城さんは、路面電車が来ていないことを確認してから、ハンドルを右に切り、路面電車の軌道に出て前の車を抜き去った。

もちろん、路面電車と一般の車線の間には、追い越し禁止を示す黄色いラインが引かれているので、そもそも軌道内に侵入すること自体、立派な交通違反となる。しかしここで一番の問題となったのは、本城さんが抜き去った相手だった。

ウーッと急にサイレンの音が鳴り響き、「前の車止まりなさい」というスピーカーからの声で、本城さんはハッと我に返った。なんと本城さんの目の前でノロノロと走っていた車はパトカーだったのだ。

この事態に一番驚いていたのは、他ならぬパトカーに乗っていた若い警察官だった。覆面パトカーならいざ知らず、どこからどう見てもパトカーだと分かるのに、それを堂々と抜き去るなんて。警察官の目の前で、違反をした本城さんの行動が全く理解できなかった。また、本城さんは、ビシッとスーツを着こなしていて、受け答えもしっかりしていた。だからこそ警察官は混乱してしまい、現場に家族が呼び出される事態になってしまったのだ。

連絡を受け、すぐさま飛んできた本城さんの息子さんも、単なる交通違反ではないということに驚きを隠せなかった。

「確かに、たまに物忘れをすることはありましたが、それはよくあるレベルのことですし、これまで業務にも日常生活にも全く支障はありませんでした。なのに、まさかこんなことになるなんて」と、事件を起こして小さくなっている本城さんを見ながらそう言った。

そこから、本城さんはすぐに専門の病院で検査を受けることになった。問診に加え、CTやPET検査などを受けた結果、本城さんは、前頭側頭型認知症と診断された。

前頭側頭型認知症は難病に指定されていて、人格や記憶を司る前頭葉や側頭葉が萎縮して起こる認知症である。発症すると、社会性が欠如したり、我慢ができなくなったりして、人格や行動の変化、言語障害などの症状が出てくるのだ。また、50~60代という比較的若い元気なときに発症するので、自分が病気であるという意識を持ちにくく、また家族が気づくのも遅れる場合がある。

前頭側頭型認知症の特徴の一つとしては、自分がルールになりやすいということが挙げられる。守らなければならない世の中のルールを認識することが、次第に苦手になっていくのだ。邪魔だからと無理に追い抜いたり、これがほしいからと万引きをしてしまったりすることがあるので、以前と比べて性格や行動が変わっていないかを、注意しなければならない。

意外なことで認知症が発覚した例としては、免許センターからの連絡で分かったということもある。75歳を越えると免許の更新の際にテストを受けなければならない。そのテストはなんなくパスできたものの、教室はどこかと何回も聞いてきたことをスタッフが不審に思い、地域包括支援センターに連絡したことによって発覚したのである。

このようなことで認知症だと分かるケースはかなりレアであるが、命を守る大事なきっかけとなった。

地域包括支援センターを通じて知り合った息子さんが、その後の経過を報告しに来てくれた。

「正直、今回の出来事には面くらいましたが、結果的に病気が判明して良かったです。あのパトカーの事件がなければ、父はきっと今でも車を乗り回していたでしょう。もしかしたら、大きな事故を引き起こして誰かを傷つけていたかもしれない。父自身も大怪我をしていたかもしれない。そう思うと、警察の方には申し訳ないけれど、あの程度のことで済んで正直ホッとしています」と、息子さんは素直に自分の気持ちを語ってくれた。

本城さんの場合、この出来事がきっかけで病気が判明したため、今回の交通違反についてのお咎《とが》めはなしになった。その代わり、免許は返納することになったのだが、案の定最初はかなりいやがっていたようだ。

「俺からゴルフを奪ったら何も残らないじゃないか、と抵抗されましたね。でも父にはまだまだ経営の方で頑張ってもらいますし、僕もこれを機にゴルフを始めることにしたので、今は僕が運転して一緒にラウンドしているんですよ。いずれ会社を引き継げば、そのようなお付き合いも増えるでしょうしね。けど、父にはダメ出しされるばっかりで」と、息子さんは、素振りをしながらそう言った。

愚痴をこぼしつつも、息子さんの楽しそうな様子を見て私は安心した。

きっと本城さんは、息子さんには言わないけれど、大好きなゴルフを一緒にできるようになって嬉しく思っているに違いない。本城さんは車を運転できなくなった代わりに、息子さんとのかけがえのない時間を手に入れたのだ。

「今度私もぜひ一緒に連れて行ってください」と言うと、「僕は安全運転でいきますからお任せください」と息子さんは笑いながら答えてくれた。

あってはならない事故

1年のうちで一番センチメンタルになる季節は冬だと思う。多くの人が、人の温《ぬく》もりを求めてしまうのではないだろうか。中でも年の瀬というのは、あっという間に過ぎ去っていき、物寂しさに拍車をかける。もちろん楽しいイベントに参加したり、新年への期待に胸を膨らませたりする人もいるだろう。しかし、そう思えるのは恵まれた環境にいるからにすぎないということを、私はある事件をきっかけに気づかされた。

私が30代のころに働いていたとある入居施設。この施設が、他とは少し違っているのではないかということに気づいた。

ここでは、昼夜を問わず上下階につながる階段へ向かう扉が施錠され、我々スタッフしか開けることはできず、入居者は他の階へ行けない仕組みになっている。いちいち面倒だなという思いもあったが、それ以上に、ここまで厳重にして逆に問題は生じないのだろうかという疑問の方が強かった。きっと徘徊や離設行為を危惧してのことだろうが、ちょっとやり過ぎではないだろうか。

この施設に、石川さんという男性が入居していた。

「ごめんな。父さん」と、会うなりそう切り出してきた息子に、石川さんは少し戸惑った。

「このまま父さんを家に連れて帰って、みんなでお正月を迎えようっていう話になっていたけど、やっぱり明日は親戚連中が大勢押し寄せてくるから、誰も父さんの相手をできそうにないか。だけん、今日は子どもたちを連れて来たけん、それで我慢してくれんかな」と、とても申し訳なさそうな顔をしている息子の様子を見ると、石川さんはもう何も言えなくなってしまった。

今日は大晦日《おおみそか》。石川さんは、自宅に帰るために息子が迎えに来てくれるのを、ここ数日指折り数えて楽しみに待っていた。

大晦日はみんなで年越しそばを食べ、元日は近所の小さな神社に初詣に行ったり、お節《せち》やお雑煮を食べたりする。そんなありきたりな日本のお正月の風景が、今の石川さんにとっては、希望以外のなにものでもなかった。それだけに石川さんのショックは大きかった。

しかし、ここでわがままを言って息子を困らせたくない、せっかくこうやって孫たちの顔を見せに来てくれたのだから、今は目の前の楽しい時間を過ごそう、そう自分自身に言い聞かせた。

「なら、今日お年玉を先に渡さんといかんね」と、大事に用意していたポチ袋を取り出すために、荷造りしておいたカバンを開けようとしたその瞬間、心に何かが覆いかぶさってきたような気がした。

しかし、横に立つ息子に悟られまいと、石川さんはそのことに気づかないふりをした。一番下の孫は来年から小学生。まだお年玉の意味があまり分かっていなかったようだが、嬉しそうにしっかりと受け取ってくれて、石川さんは安堵した。

久しぶりにゆっくり可愛い孫たちと話をすることができた。それは石川さんにとって、とても穏やかな時間だった。しかし、その時間が楽しければ楽しいほど、その後にやってくる反動は大きい。

「じーじ、ばいばーい！」と、大きく手をふってくれた孫たちに気づかれまいと必死に涙を我慢して、笑顔で見送った。閉まる自動扉をぼんやりと眺めながら、しばらく石川さんはロビーから動くことができなかった。大晦日の夕方、辺りが刻一刻と暗くなるにつれ、石川さんの心を覆った黒い影が、徐々に大きくなっていった。

この老人ホームでは、体調が良ければ、自宅でお正月を過ごすことが許可されている。周りの仲間たちは、みな家族に迎えに来てもらって楽しそうに帰って行くのに、どうして自分は荷解《ほど》きをしなければいけないのだろうか、としょんぼりしている石川さんの様子に、スタッフは誰も気づくことができなかった。そして事件は起きた。

どさっ。12時を過ぎ、元日を静かに迎えた施設で、突然大きな音が響き渡った。夜勤の職員が慌てて外に飛び出すと、石川さんが血を流して地面に倒れていたのだ。すぐさま警察が駆けつけ、実況見分が始まった。もはやお正月どころではない。辺り一帯は騒然となった。石川さんは亡くなったのだという。

「それで、当時の警察の見立てはどうだったんですか？」と、職員の山田さんの話に聞き入っていた私が、ここでようやく口を挟んだ。2年前にこの施設で起きた悲しい事件について、休憩中に先輩が教えてくれたのだ。

「4階の廊下の窓から自分で飛び降りたみたいだから、自死という扱いになったんだよ」と、先輩はとても残念そうに語った。

本当に石川さんは自死だったのだろうか。生きていても家族に自由に会えないのなら、せめて今行動を起こすことで、自分の意志を貫き通そうとしたのかもしれない。命を落としてでも家に帰りたい、家族に会いたいという意志を。

「だけどね、石川さんはただ飛び降りたんじゃなくて、植物の生け垣があるところを狙って飛び降りたみたいなんだ」と、山田さんはぼんやりと窓の外を眺めながらつぶやいた。

「それって、本当にただ1階に下りて家に帰りたかっただけなんじゃないですか?」と言いながら、私は胸の奥が熱くなるのを感じた。

だとしたらこんなにも辛く悲しい事件はない。こんな結末を誰一人として望んではいない。石川さんの願いは、ただお正月を家族とともに迎えたいという、ささやかなものだったのだから。

大晦日の夜、家に帰りたくなったが、外に出ようと思っても、エレベーターはおろか階段すら使えない。

石川さんは、そこまで認知症の症状は強くなかったそうだが、家族に会えない孤独感や、4階に閉じ込められてしまった焦燥感で、一時的に混乱状態に陥った可能性があった。きっと息子さんも、あのとき無理をしてでも連れて帰っていたら、という自責の念に囚われてしまっただろう。

ただでさえ忙しい12月の最終日、石川さんの心が暗い影に覆われていったことに、限られた人数のスタッフが気づくのは厳しかったと思う。

なぜなら、忙しくなると「みる」のレベルが低くなってしまい、どうしてもぼんやりとみてしまうからだ。私は「みる」という行為には、いくつかのレベルがあると考える。認知症の方のケアをする場合、通常の見るではなくて、まずは足を運んで観《み》る。そこでその方の様子を視《み》て考え、そこから診《み》たり看《み》たりするレベルに到達するのだ。

例えば、喫茶店に入ったとき、目の前の人との会話に盛り上がり、他の席のことは、なんだかオブジェのように感じたことはないだろうか。認知症の方が問題を起こしてないからいい、という考えで接してしまうと、それは人ではなく物を見ていることと同じだ。廊下でぼんやり立っている人に、会釈もせずにその前を通り過ぎてしまったり、呼びかけられても、自分じゃないだろうと見て見ぬふりをしたりするスタッフがいる。

一方で、スタッフに気づいてほしくて、大きな声を出して呼びかけると、そんな大きな声を出さないでと窘《たしな》められてしまう。これでは、ますますコミュニケーションの溝が大きくなるばかりだ。どんな行動をとっても、自分はいないものとして扱われる。そうなると、本人の存在意義はみるみる失われる。そしてやがて頭の働きが低下していくのだ。

慣れとは人の感覚を麻痺させる。誰もが初めは違和感を感じていたはずの施設のやり方に、3ヶ月もすれば慣れてしまう。おかしいなと思っていても、日常的にやり過ごしていると、それはいつしか普通になってしまう。

私は「みる」の解像度を上げていき、皆さんのささやかな望みに気づき寄り添うことを一つずつ実現していきたい。

もう石川さんのように悲しい思いをする人を、生み出してはいけないのだ。

冒険の相棒

いつもそばにいた大切な家族のことは、誰だって忘れたくないだろう。たとえその家族が遠くへ行ってしまったとしても、悲しい記憶をわざわざ思い出させる必要はない。そこには私たちには決して立ち入ることのできない領域が、確実に存在するからだ。

85歳の三輪さんは、デイサービスへ週に2回来ているおばあちゃんだった。三輪さんは、いつも洋服の中に犬のぬいぐるみを入れて歩いていた。レクリエーションはもちろんのこと、食事やお風呂のときまで一緒に連れて行くのだ。首元からぬいぐるみが見えている様子がなんとも微笑ましく、「三輪さん、今日もワンちゃん可愛いですね」と声をかけると、「うちの子はおとなしくてとてもいい子なのよ」と言って喜んでくれるのだった。

私たちスタッフは、そんな三輪さんの様子を、子どもがお気に入りのぬいぐるみを肌身離さず持っているような感覚なのだと思っていた。

あるとき「あ！　三輪さんダメです！」というスタッフの大きな声が食堂に響き渡った。何事だろうと駆けつけると、三輪さんはいつものように犬のぬいぐるみと一緒にちょこんと座っていたのだが、一つだけ様子が異なっていた。ぬいぐるみの口元が、茶色く染まって汚れていたのだ。スタッフに事情を聞くと、三輪さんが今日の昼ご飯のカレーを、ぬいぐるみに食べさせようとしたため、慌てて止めに入ったとのことだった。

私はそのスタッフと対応を代わってもらい、「三輪さん、ワンちゃんは今日ご飯をちゃんと食べていますか？」と尋ねてみた。

「うーん。今日はね、あまり食欲がないみたいなのよ。いつもはもっと食べるんだけどね」と返ってきた。

「ワンちゃんは、まだ眠たいのかもしれませんね。とりあえず、私がお口を拭いておきますので、その間に三輪さんはお食事を召し上がってくださいね」とお願いした。

「あら、いいかしら?」と言って、三輪さんはぬいぐるみを手渡し、カレーを食べ始めた。ぬいぐるみを遠くへ連れて行ってしまうと不安になると思ったので、三輪さんの目の前でカレーを拭き取って、すぐ近くの水道で汚れをきれいに洗い流した。

今回の一件について、三輪さんと同居している息子さんに話を聞くことにした。

「母は結婚する前、実家で犬を飼っていたんです。名前は確かアンだったかな? 私が物心つくかつかないかくらいの頃に死んでしまったので、60年以上は前の話だと思います。アンと母はとても仲良しで、どこへ行くのも一緒だったそうです」と教えてくれた。

また、息子さんは、週に1度来てもらっているヘルパーさんからも、同じような報告を受けていたそうだ。確かに、食堂でぬいぐるみを洗ったときに、昔の汚れの跡があったのを覚えている。

もちろん、ぬいぐるみとして認識できているときもあるが、ときにはアンちゃんと勘違いしていることもあるのだろう。三輪さんが、ぬいぐるみを持って歩いていたのは、アンちゃんと一緒に散歩している気分に浸っていたのかもしれない。

「おそらく毎回ではないと思いますが、ふとした拍子でぬいぐるみをアンちゃんだと思い込んでしまうことがあるみたいですね。引き続きおうちでもそのつもりで接してくださいね」と息子さんに伝えた。そしてスタッフにも、アンちゃんの体調を気遣うメッセージを添えながら、三輪さんの対応をしてくださいねと申し送りをした。

そんなぬいぐるみの件が一段落し、1ヶ月が経過した頃、三輪さんの息子さんから突然電話がかかってきた。今日はデイサービスの日じゃないのに、おかしいなと思いつつ、私は電話を代わった。

「母が家にいなくて、今探しているんですが、そちらに何か情報は入っていないでしょうか」と、とても慌てた様子でまくし立てていた。そんな息子さんをなだめ、落ち着いてもらってから、状況を詳しく教えてもらった。

朝10時頃に三輪さんの家に着いたヘルパーさんは、三輪さんの姿が見えないことを不審に思い、すぐさま息子さんに連絡したそうだ。息子さんは仕事を早退し、ヘルパーさんとともに近所を懸命に探しているが、一向に見つかる様子がなくこちらに電話をかけてきたのだ。今は12時を過ぎているので、かれこれもう2時間以上行方不明になっていることになる。

「三輪さんは特に徘徊する症状は出ていなかったのですが、認知機能は低下しています。今いる場所が急に分からなくなってしまって、帰るに帰れないのかもしれませんね。こちらでも何か情報が入ったらすぐにご連絡しますね」と言って一旦電話を切った。すぐにスタッフにも知らせなければ、そう思った瞬間、今度は自分の携帯電話が鳴った。

「今、近くのスーパーにお昼を買いに来ているんですけど、まさかと思いましたが三輪さんを見つけたんです。お宅まで送り届けてから戻りますね」というスタッフからの電話だった。

そこはうちのスタッフがよく利用するスーパーで、三輪さんの家からも近かった。息子さんもまさかそんな行き慣れたスーパーとはいえ、一人で行くとは思わなかったのだろう。スーパーで見つかったと連絡すると、息子さんはとても驚いていた。

三輪さんは2時間以上もスーパーという迷宮の中に迷い込んでいたということになる。そのスーパーは3階建ての大きなつくりで、1階にある出入り口はとても小さく分かりづらかった。また、店内に案内表示がなかったため、背の低い三輪さんにとって出入り口を見つけるのはとても困難だったようだ。

「どうして誰かについていかなかったのかと聞くと、ついていったから迷ったのよってプリプリ怒っていました」と、笑いながら息子さんは言った。スタッフが三輪さんを送り届けたあと、息子さんは私のところまでわざわざ挨拶しに来てくれたのだ。

「店員さんにも恥ずかしくて聞けなかったそうです。結局何を買いに行ったのかさえ忘れてしまったみたいで、家に着いたときは、外に出られた爽快感に浸っていましたよ」と、呆《あき》れながらも安堵している様子だった。

そして「あの、川畑さん、今回は本当にありがとうございました」と息子さんは続けた。見つけたのはスタッフですから、と言おうとしたその瞬間、息子さんがなぜか震えていたのが分かった。

「実は、あのぬいぐるみを何度か取り上げようとしていたんです。口元がベトベトしているし、汚れもだいぶ目立ってきていたので」と、どうして急にぬいぐるみの話をするのだろうと不思議に思っていると、「実は、母にスーパーから出られなくなって怖くなかったのか？　と聞いてみたんです。そしたら『これまでにアンと一緒に見知らぬ街を何度も冒険してきたのよ。今回もアンが一緒だったから全然怖くなんてなかったわ』って言ったんです」と言う息子さんは、今にも泣き出しそうな様子だった。

「川畑さんにぬいぐるみのことを教えてもらわなければ、母の大事な相棒を奪ってしまうところでした。本当に無事で良かった」と、息子さんは私の手を強く握り、何度もお礼を言った。

「過去の幸せな時間は、その形をとどめたまま三輪さんの中で生き続けるんです。きっとこれからも三輪さんは、アンちゃんと楽しく過ごしていけると思いますよ」と私は息子さんの手を強く握り返し、励ましの言葉を送った。

将棋百段の立役者

施設のスタッフの日常業務としては、送迎に始まり、入浴、食事、レクリエーション、そして送迎に終わる。これらのタスクを決められた時間内にこなさなければならず、介護の現場はいつだって人手不足である。

個別対応が大事なのはもちろん分かっているが、どうしても集団で管理しようとしてしまうので、物言わぬ人は放置されやすい。

職員の目やスキルの不足といったことに対して、私はいつももどかしさを感じているが、マンパワーよりもマンクオリティーの不足の方が深刻である。なぜなら、たとえ人員だけがたくさんいても、素人《しろうと》集団ではうまくいかないからだ。

そして本当に大事なのは、マンパワーでもマンクオリティーでもなく、マンサポートだと私は思う。つまり、クオリティーの高いスタッフをサポートできる人を配置することが重要であり、地域ボランティアの方がマンサポートとして加わってくれることは本当にありがたいことである。

人手が足りないのか質が足りないのか、それとも質の高い人たちを動かす環境が足りないのか、それを見極めていくのが私の仕事である。そうすることで、認知症の方が施設で過ごす時間の質は格段に上がっていくのだ。

「あ、小池さんがいません！」というスタッフの大きな声で、午後の穏やかな空気は切り裂かれてしまった。

小池さんは、83歳のおじいちゃんであるが、午後のレクリエーションの時間になるといつもつまらなそうな顔をしている。

この日は、ボランティアの方々が施設にやってきて、歌ったり踊ったりしてくれたのだが、小池さんにとっては物足りなかったのだろう。

スタッフは「女性の入居者の皆さんは喜んでくれたんですけどね。全員が楽しめるものってなかなか難しいですよね」と言って、報告を終えると再び捜索に戻っていった。

すぐに見つかるとはいえ、こう何度もいなくなられると、スタッフたちは疲弊してしまう。どうすれば小池さんは楽しんでくれるのだろうか。私は申し送り事項が書かれたノートを手に取って、小池さんのページを開くと、そこに書かれていた漢字2文字が目に飛び込んできた。これでなんとかなるかもしれない、と私は少し安堵した。その2文字は「将棋」。

家族の話によると、小池さんは認知症になる前からずっと将棋を指していたそうだ。好きな棋士の手筋を必死にノートにメモするほど将棋好きだった小池さんは、将棋ができる仲間を探し求めていたのだ。しかし残念なことに、スタッフの中で将棋を指せるのは私と主任の二人しかいない。私は会議に出なければならないし、主任も現場を回していかなければならないため、二人ともゆっくり将棋を指している時間はない。

そこで、小池さんのために、将棋を指せる人をボランティアで募ってみたところ、ありがたいことに三人もの方が集まってくれた。私はこれで大丈夫だろうと安心していたのだが、やはりそう簡単にうまくはいかなかった。何回か来てもらったあとに、一人は家庭の都合で、もう一人は自分には向いていないということで、三人のうち二人が辞退してしまったのだ。

もちろん、ボランティアに参加するのも辞めるのも個人の自由であり、私たちに引き止める権利はない。将棋作戦の命運は最後の一人、戸川さんにかかっていた。戸川さんは小池さんよりも10歳ほど若いが、小池さんと同じく大の将棋好きだった。

あるとき私は二人が将棋を指しているところに出くわした。小池さんの手をよく見ると、なんと歩《ふ》であろうと香車《きょうしゃ》であろうとお構いなく、全て王将と同じ動きをしていた。加えて飛車と角は縦横無尽に動き回る最強の駒と化していた。もちろん戸川さんは、将棋のルール通りに正しく駒を進めている。私はこれを見たときに、ボランティアの二人がすぐに辞めてしまった理由がなんとなく分かってしまった。

一人目の方は、百歩譲って本当に家庭の都合だったのかもしれない。しかし、二人目の方は確実に諦めたな、と私は確信した。

二人目の方は、自分が対戦相手となる意義を全く感じられなかったのだろう。どうせこれでは試合にならない、だったら自分じゃなくてもいい、誰かが駒を進めさえすればいいのだから。そんな心の声が聞こえてきたような気がした。

そして最後に残った戸川さんだけが、小池さんの手に対して実直に対応してくれるのだった。

私はハラハラしながら、勝負の行方をそばで見守っていた。戸川さんは小池さんがどれだけ変な手を指そうとも、「小池さん、さすがいい手ですね〜こりゃ困ったなあ」と、動揺することなく言ってくれるのだった。

すると小池さんはニコニコしながら、「俺もすぐには今の手は思いつかなかったもんな。さあ次はどう出る？」と嬉しそうに答えていた。手はぐちゃぐちゃなはずなのに、全てがうまく進んでいくのだ。

この試合に最終的な勝ち負けなど存在しない。歩なんて軽く飛び越えて王将に突き進んでいくのだから。「これで勝ちやな」と、小池さんの飛車が斜めに飛んできて、いきなり王将を取ってしまうことだってある。そんな理不尽なルールの中であっても戸川さんは丁寧に将棋を指してくれていた。

そして「あぁ、まいりました！　小池さん、将棋百段みたいですね」と言って、二人は大笑いしていた。まるで昔からの将棋仲間であるかのような、そんな空気が流れていた。

ボランティアの方の素性というのは、私もそこまで詳しくは分からないが、戸川さんが心の優しい気遣い上手な人だということは、将棋を横で見ていて存分に伝わってきた。認知症の方との接し方について、誰も説明していないのにもかかわらず、認知症ケアをきちんと会得されているような感じがした。

今日の話を私の中だけにとどめておくのはもったいない。そう思った私は、申し送りの時間に、ボランティアの戸川さんの素敵な対応についてスタッフに共有した。すると、スタッフたちからも感嘆の声が上がり、戸川さんはちょっとしたヒーローになっていた。それ以降スタッフは、将棋が終盤の局面を迎えると、二人にお茶を出すようになった。そして観客として勝負を盛り上げ、会話に花を咲かせるのだった。

戸川さんも、自分の対応の是非については気になるようで、ある日の帰り際に、「私はここでお役に立てていますか？」と聞かれたことがあった。

「もちろんですよ！　小池さんは将棋を指していなかったら楽しみがなくいつの間にか施設から出て行こうとされるんです。小池さんは、戸川さんが来られるととても穏やかな状態になるので、こちらとしてもとても助かっていますよ」と伝えると、戸川さんはホッとした表情を見せた。

このように、ボランティアの方が来てくれることで、本人も私たちもとても感謝しているということを、的確にフィードバックすることもまた大切なのである。

私たちの願いは、小池さんに、将棋という一番心が動くことのために午後の大切な時間を過ごしてほしいということ。そのためには戸川さんの力が必要なのだと伝えると、「私にその役割があるんだったら、安心しました」と戸川さんは嬉しそうだった。

「今度、私とも小池さんルールで一勝負してくれませんか？」と投げかけると、「あれは小池百段との対戦に限った特別ルールですよ。真っ向勝負でやりましょうね」と言ってエントランスに向かって歩き出した。

私は、そんな戸川さんの背中に向かって、「小池さんを将棋百段にしてくれてありがとうございます！」と大きな声でお礼を言うと、戸川さんは立ち止まり、にこやかな笑顔で応えてくれた。

私の名前を呼んで

認知症の人に話しかけても、なかなか気づいてもらえなかったり、言いたいことがうまく伝わらなかったりと、コミュニケーションがスムーズに取れないことがある。

認知症の方が自分の世界に入り込んでしまうことが原因の一つだが、実は私たちがちょっと工夫するだけで改善できることもあるのだ。

「今日の講座、とってもためになりました。ありがとうございます」と声をかけてきたのは、「脳いきいきサポーター養成講座」に参加している有村さんだった。有村さんは役場に勤めながら81歳になる母・和枝さんを介護している。

和枝さんに認知症の症状が出始めた数年前から、その様子を記録に残している有村さんは、今回介護への学びを深めるために、養成講座に参加してくれたのだった。

「お話にあった認知症の進行の流れが、母とぴったり重なって、なんだか川畑さんに家の中を見透かされているような気がしました。けど、これだけ母を見ているのに、私には母が怒ったりへそを曲げたりしてしまうポイントが未だに分からないんです」と俯《うつむ》きながら、残念そうな様子で語り始めた。

気候も過ごしやすくなってきた9月。

有村さんは、久しぶりに佐世保にある和枝さんのお兄さんのお墓参りに行ってみようと提案した。

「そうね。お彼岸も近いし、お世話になったものね」と和枝さんも承知してくれた。お墓参りに行く前日などは、明日はどこへ行くの？　とか、お土産を買わなきゃとか、心なしかワクワクしている様子が見て取れたので、有村さんはすっかり安心していた。

そしてお墓参り当日。熊本からフェリーに乗って島原へ渡った。そこから車でお墓のある佐世保までのんびり向かったので、到着した頃にはもうお昼を過ぎていた。

「母さん。なんで出てこないと？　お兄さんのお墓着いたとよ」と有村さんが話しかけても和枝さんは全く反応しなかった。有村さんの奥さんも「お義母さん、お天気が良くて気持ちいいですよ」と声をかけたが、和枝さんが車から出てくる気配はない。認知症になる以前にも何度か来たことがあったので、ここが自分の兄のお墓であることは忘れてはないだろう。しかし結局、和枝さんは一歩も外に出ることなく、有村さん一家はお墓をあとにした。

その後、観光がてら佐世保の軍艦を見に行くも、和枝さんが感動している様子は全くない。あれだけ楽しみにしていたお土産店に来ても、早く帰ろうとしか言わないのだ。そして極め付きの一言を和枝さんは言ってしまった。

「こんなところ来るんじゃなかった……」和枝さんにそう言われて、有村さんの心はポキッと折れてしまった。あんなに楽しそうにしていたのに、その急変ぶりにもうついていけなくなり、「母さん、ごめんな」と声を絞り出しながら、港に向かって車を走らせた。それ以上何か言おうものなら、きっと和枝さんを傷つける言葉を言ってしまう、これまでの経験から有村さんはそう学んでいた。

佐世保旅行の翌日。有村さんが仕事から帰るなり、奥さんが駆け寄ってきた。

「あなた、お義母さんに声をかけても布団から全然出てこないのよ。ご飯を持って行っても食べようとしないし、病気かしら?」という奥さんの訴えを聞き、有村さんは和枝さんの部屋に直行した。

「母さん、おい、大丈夫か? しっかりして」と、有村さんは身体を揺さぶったがやはり反応がない。息はしているが、気を失っているかのような状態だ。

「もう救急車を呼んだ方がいいんじゃないかしら?」と奥さんが言った瞬間、電源が入ったロボットのように、ムクッと和枝さんは起き上がった。

「あんたたちには世話にならんわ。床に寝とっただけばい」と憎まれ口を叩くのであった。救急車を呼んだら大変な事態になることは理解しているのだろう。そして翌日からは何もなかったかのようにケロッとしている和枝さんだった。

「母の気分のスイッチがどこにあるのか、これだけ介護をやっていても分からんのです」と、有村さんは、お墓参りの一連の騒動について詳細に話してくれた。

　私は少し考え、お墓参りにいく途中何か和枝さんが落ち込む出来事はなかったかと尋ねると、車の中でトイレの失敗があったという答えが返ってきた。

「前日、和枝さんの頭の中では、きっとお出かけのシミュレーションができていたと思います。けれど、自分のトイレの失敗で計画が台無しになってしまった、和枝さんはそう思って調子が悪くなってしまったのかもしれません」と、私はこれまでの話を分析しながら伝えた。「失敗したって言っても、私も妻も慣れていることなのに」と有村さんはびっくりしていた。

たとえトイレの失敗があったとしても、きれいに拭いて元通りになれば、もう次への切り替えができると私たちは思ってしまう。けれど、認知症の方にとってそのたった一つの失敗は大きく、あとにまで引きずってしまうものだ。おねしょをした子どもだって、その日はずっとしょんぼりして過ごすだろう。それと同じことなのである。

「トイレに失敗した自分、そしてそれを家族に処理させてしまった自分を責めてしまうものなんですよ」と伝えると、そうだったのかと有村さんは納得してくれた。

「佐世保に向かう途中、車の中でお墓参りの話はされましたか？」と、私はもう一つの疑問を聞いてみた。

「いえ、特には。もう分かりきったことだし、わざわざ言う必要もないと思って」と、なぜそんなことを聞くのかという表情で有村さんは答えた。

「認知症の方は、続きの自分を持つことが苦手なんです。いきなり車に乗せられて着いたよって言われても、何も聞かされていないから、仲間外れにされた気分になってムッとしてしまうんですよ」と言うと、有村さんは驚いた表情を見せた。

もう充分に伝えたと思っていても、案外それは伝わっていない。認知症の方の理解力にも波があるので、たびたび伝えること、そして初めて言うかのように伝えることがとても大切なのだ。

「あと伝え方も大事です。お母さんがずっと来たいって言っていた佐世保だよ、そんなふうに伝えてあげると、心に残りやすいんですよ」と続けると、有村さんは必死にメモを取っていた。

「慣れないかもしれませんが、お母さんと言うだけではなく、『和枝さん』と名前も一緒に入れて呼んでみてください。保育園でもちゃんと名前を呼んでから伝えていますよね。そうやって自分事にしてあげると、伝わる力が上がるんです」と付け加えた。丁寧語で話したり、下の名前を呼んだりすることでコミュニケーションがスムーズになっていくのだ。

その後再び養成講座に来てくれた有村さんが「名前を言うようにしたら、以前より伝わりやすくなりました！　ありがとうございます」と嬉しそうに報告してくれた。

「もっと早くにこのことを知っていたら、私は母に優しく接することができたのに。今までイライラして辛くあたることがたくさんありました」と、有村さんは悔しそうな表情を見せた。

何年も介護している家族であっても、ちょっとしたポイントを逃すと、つまずいてしまうことがある。

「今まで有村さんがきちんと記録していたからこそ分かったことなんですよ。大丈夫。これから少しずつ取り戻していけばいいんです」と、私は有村さんに優しくエールを送った。

鳴り響く音は仕事のサイン

昔の恋人がよく聞いていた音楽がふと流れてきたり、その人がつけていた香水の香りが雑踏で漂ってきたとき、過去の記憶がフラッシュバックした経験がある人は結構いるのではないだろうか。

音や匂いは、私たちの脳に昔の思い出を喚起させる重要なファクターである。それが、自分の仕事に関するものであったら、なおのことその影響は強くなるものだ。

葛城《かつらぎ》さんは、普通列車がのんびりと止まる小さな駅の近くに住んでいた。そんな静かな駅であっても、快速電車や特急電車が通過していくときばかりは、警報音がけたたましく鳴り響き、踏切はなかなか開いてくれない。聞こえてきた踏切の音に反応した葛城さんは、「いかん、母さん！　故障かもしれん！　ちょっと行って確かめてくる」と慌てて1階に下りてきた。

そして奥さんが「あなた、もう外は真っ暗で危ないですよ」と止めるのも聞かず、家を飛び出してしまった。

現在78歳、軽度の認知症を患っている葛城さんは、以前は鉄道会社に勤める整備士だった。

「ここ最近、踏切の音がいつもより長く聞こえてくると、現役の頃を思い出して、踏切まで様子を見に行ってしまうんです。今はもう、昔のダイヤとは違うでしょうに」と、奥さんは葛城さんの行動に困り果てて、私の元へ相談にやってきた。

「今みたいにただ見に行って、満足して帰ってきてくれるならいいんですけど、そのうちエスカレートして、踏切内に立ち入ったり事故に遭ったりするんじゃないかと気が気じゃありません」と心配そうな表情を浮かべていた。確かに、過去と現実との区別がつきにくくなっている状態では、奥さんの不安に思っていることがいつ起きてもおかしくないだろう。

「ご主人の不安を引き起こすポイントは間違いなく音ですね。音に対する不安を取り除くアプローチをしていくことから始めましょう」と、私は葛城さんの行動を分析しながら、何かいい案はないか模索した。そして一つの作戦を思いついた。

「次に踏切が鳴ったときは『お父さん、今日は非番だから行かなくてもいいんだよ』と強調してみてください。そうやってお二人でしばらく会話をしているうちに、きっと踏切も鳴りやむと思いますので、そしたら旦那さんの衝動も自然と収まっていきますよ」とアドバイスすると、奥さんも少し落ち着きを取り戻したようだった。

それからしばらくの間は、何の連絡もなかったので、非番作戦がうまくいったのだろうと安心していたが、2ヶ月後、奥さんから電話がかかってきた。

「今までは実際に音が鳴っているときにだけ、昔のことを思い出していたんですけど、今度は音が鳴っていないときにまで、その症状が出るようになってしまいました」と、もう打つ手がないと言わんばかりに、奥さんはその現状を訴えてきた。

これはいわゆる幻聴というやつで、認知症の症状の一つである。こうなると、もう以前のやり方では、頭の中の音は鳴りやむことはないだろう。

私は再び奥さんと作戦会議を行い、次なる一手を考えた。

翌日、奥さんが買い物から帰宅すると、葛城さんが玄関まで迎えに来てくれた。そして開口一番、「今日もまたずっと踏切の音が鳴っとる。さっきから全然鳴りやまないんだ。他の整備士たちは一体何をやっとるんじゃ」と、葛城さんは怒り心頭だった。

もちろん家の中は静かで、踏切の音など一切聞こえてこない。「あら、本当ね。ちょっと私、鉄道会社に電話してみますね」と言って、奥さんは靴を脱ぐなり居間に向かった。そして受話器を手に取り「あ、もしもし。そちらの葛城の家内でございます。今駅の踏切が故障しているみたいですので、見ていただけませんか。えぇ、音が鳴りやまないんです」と報告した。

受話器を置いた奥さんは、くるりと後ろを振り返り、「すぐ見に行くって仰っていたわよ。あなたにもお礼を言ってくださいねって感謝されちゃったわ」と伝えると、葛城さんは嬉しそうな表情を浮かべ、「そうか、それは良かった。お、今ちょうど踏切の音も鳴りやんだばい」と得意げな様子だった。

こうして葛城さんは、脳内に響き渡る踏切の音からめでたく解放されたのだった。奥さんも、初めての演技にしてはなかなかうまくいったわ、と心の中でつぶやき安堵していた。そう、さっきの電話は、実は誰にもつながっておらず、奥さんの自作自演だったのだ。

幻聴というのは、一度聴こえるようになるとなかなか鳴りやまないやっかいなものである。

こういう場合、音なんて聞こえないわよ、と真正面から否定することは絶対にやってはいけない。お前にはどうせ聞こえないんだ、と言ってますます自分の世界に閉じこもってしまうからだ。

葛城さんの奥さんのように、本人の世界に一緒に寄り添うことがとても大切なのである。本人にはありありと聞こえているものを否定してしまうと、なぜ嘘をつくのだ？　ちゃんと聞こえているじゃないかと憤り、お互いが真実を言っているにもかかわらず、揉める原因となってしまうのだ。

それぞれの真実にどちらが寄せていくべきなのか、その答えは明白である。音が聞こえるんだね、とまずは本人が言っていることを受け止めよう。そしてその上で、それは大変ねと言ってみたり、ときには一緒に驚いてみたりしてほしい。それこそが、幻聴をはじめとする幻覚の症状に寄り添うことであり、そうすることで本人をサポートする手がかりが増えていくのである。

それから数ヶ月が経過し、奥さんが近況報告をしにやって来てくれた。

「あれから演技をするのがますます上手になってきましたよ。私、今から女優を目指そうかしら」と笑顔で話す奥さんは、今では何パターンものケースを使い分けて電話をするふりをしているそうだ。

葛城さんは、自分が働いていた頃に思いを馳せるときに、頭の中の踏切が鳴り始めることが多いそうだ。

葛城さんをはじめ、特に男性の場合は、家族のために仕事を頑張っていた自分、輝いていた自分を忘れたくないという思いが強いのだろう。

「こんなにも熱中できる仕事に就けて、そして定年まで全うできたということは、お父さんの仕事人生ってとても素敵なものだったんでしょうね。今の世の中、一つの会社に居続けること自体難しくなってしまいましたものね」と語る奥さんの視線の先には、どこまでも続いていく線路があった。

私たちは、目に見えないもの、聞こえないものを信じたくないあまりに、事実ばかりに意識を向け正論をぶつけてしまいがちだ。現実はこうだ、という正解を追い求めて、それを周りの人間にも押しつける。

けれど、ちょっと考えてみてほしい。私たちはお正月になれば初詣に行くし、お盆やお彼岸にはお墓参りに行く。これは目に見えないものを信じていることに他ならないのではないだろうか。

また、二次元のアイドルに恋をすることだってあるかもしれない。そのように、現実だけではない、色んな世界観を受け入れることができて初めて、豊かな人生を送れるのだと私は思う。

「私ね、これまで専業主婦でしたけど、これからはお父さん専任の女優になるわ。電話する役しかできませんけどね」と嬉しそうに話す奥さんの顔は、初めてここに来たときとは比べ物にならないくらい明るくなっていた。

葛城さんのために演じサポートすることで、奥さんは新たな人生の楽しみを手に入れたのだった。

農民一揆

健康な人間でさえ自宅にこもりっきりであると、心身の状態を損ねてしまう。だから休日には、海や山へ行って自然に触れ合う人も多いのではないだろうか。私たち人間は、自然の一部だということを忘れてはいけないのだ。

自然と接することで健康の増進を目指すファーム・リハビリテーションという療法がある。農作業をすることで、心や身体のリハビリとなり元気になるのではないか、そんな考えのもと熊本県の農林水産課とともにファーム・リハビリテーションを実験的に行うことになった。ちょうど熊本県内には耕作放棄地がたくさんあり、県としてもそれらを再活用しながらできる事業を探していたので、この企画はまさに渡りに船だった。

「皆さん、足元に注意してくださいね」と地域ボランティアの方々が声をかけてくれた。畑は、施設や道路といった平坦な地面とは違って、そこかしこがでこぼこしている。認知症の方々は記憶力が低下するだけではなく、身体の動きも悪くなってしまう方が多い。そのような方たちをゆっくりサポートしてくださいねという私たちの要望を、ボランティアの皆さんはしっかり守ってくれている。

今回のファーム・リハビリテーションでは、ジャガイモを植えることになった。「種芋を植えてくださいね」というスタッフの声がけのあと、皆さんはわらわらと畑に散らばって行った。ジャガイモ農家をしていたおばあちゃんの上山さんは現在80歳。認知症を患ってはいるものの、昔取った杵柄《きねづか》とはまさにこういうことを言うのだろう、「これくらいの深さで植えるのがええんよ」とか、「灰を撒《ま》いた方がよく育つばい」といったたくさんの素晴らしいアドバイスをしてくれるのだった。私なんて置いてけぼりで、誰もが上山さんに聞きに行くので、正直悔しい部分もあったが、生き生きしている上山さんの姿を見ると、とても嬉しくなった。

そして何より農作業をしている皆さんの笑顔が眩しかった。

全ての作業が終わり、施設に戻るのに一時間くらいかかってしまったが、驚いたことに施設に着いてもなお、ジャガイモを植えた話に花が咲いている。

いつもならわずか10分前のことすら忘れてしまう人であっても、それは例外ではなかった。室内で生活しているときよりも農地で活動している方が、笑顔でいる時間が長くなったり、記憶力が向上したりという結果を受けて、私はファーム・リハビリテーションのパワーに心から感動したのだった。

そこから数ヶ月して、収穫の時期を迎えた。再び認知症の方々や地域ボランティアの方々を連れて畑にやってきたのだが、驚いたことに上山さんは到着するや否や「あれ？　ここ前にも来たことあるなぁ」と言ったのだ。自分が昔作業をしていた畑と勘違いしているのだろうかとも思ったが、なんと他の皆さんも同じような反応で、それは社交辞令で言っているわけではなかった。なぜなら「あ、ジャガイモ！　みんなで植えたじゃない。今日は収穫するんじゃない？」という声が聞こえてきたからだ。ジャガイモを植えた記憶が数ヶ月経ってもなお頭の片隅に残っていたなんて、私はとても嬉しく思った。だが、そうした和気藹々《あいあい》とした雰囲気は、上山さんによって突如破られてしまった。

「こんなことしていてもしょうがないわよ！」という大きな声が聞こえてきた。

元々ジャガイモ農家だから、お金が発生しない農作業に嫌気がさしてしまったのだろうか？　怒号にも近い声だったので、私は慌てて駆け寄ったのだが、周りにいたうちのスタッフや地域ボランティアの方々はケラケラ笑っている。その様子を見て私はさらに不安になった。もしかして、認知症の方を蔑《さげす》むような笑いなのだろうか？　私は悪い方悪い方へと考えてしまったのだが、「そうじゃないんですよ」と、スタッフが指さした方向を見て私はびっくりした。

みかん箱の上には、一本の杖《つえ》が置かれていたのだ。「畑の中で杖なんか持っていたら、邪魔で作業なんかできないわよ」と、上山さんは元気にそう言った。すると他の皆さんも、まるで農民一揆《いっき》を起こすかのように、そうだそうだと言って、一斉に杖を放棄してしまった。そして、代わりにスコップや鍬《くわ》を手に持って、畑に向かって歩き出したのだ。

施設では、すぐよろけたり、方向転換するのも一苦労だったりするはずなのに、畝《うね》と畝との間をよいしょとまたぎ越えながらスタスタと歩いて行く。病院施設でリハビリをするよりも、あえて不安定な場所の方が、上手に足を使えるようだ。私はこれまで見たことがないような皆さんの下半身の力強さを目の当たりにして、まだまだ身体に残っているパワーはこんなにも大きいのかと驚いた。

そして、掘り起こしてすぐにその場でふかし芋をつくり、バターをつけてみんなで食べた。すると上山さんが、「こんな美味しいジャガイモを食べたことないわ。でも私の家のジャガイモも負けてないから、2番目かしらね」と言ってみんなを笑わせてくれた。きっと施設に戻って調理をしていたら、こんな賑《にぎ》やかな雰囲気にはならなかっただろう。収穫後、楽しい気分のまま自然の中で食べるからこそいいのだ。

「あんなに笑顔の村田さんを私初めて見ました」とスタッフがびっくりした様子で私のもとに駆け寄ってきた。村田さんは、昔とある会社の重役をしていた方だが、施設ではいつもピリピリしていて、スタッフもその接し方に苦労させられていた。どうしていつも不機嫌な様子の村田さんが、今笑顔でいられるのだろうか。それは施設において、心揺さぶられるような瞬間を、そもそも提供できていないからだ。施設でのレクリエーションといえば、クイズや歌といった室内で完結するものばかりで、面白くないからムスッとしているのだ。そして、今は自然の中で美味しいものを食べていることが楽しくて笑っている。確かにクイズを解くことに比べたらジャガイモを掘るという作業は単純かもしれない。けれど、心に残る出来事を体験したからこそ、今笑顔でいられるのだ。

これまで、行ってきたレクリエーションの中で、ペットボトルボーリングや缶釣りゲームが一番人気なのだとスタッフは言う。しかしそれは本当だろうか？　レクリエーションの様子を見ていると、一番声が出ているのは実はそのスタッフで、認知症の方々は、それをぼんやりと眺めているだけだったりする。中には、サボったり寝てしまったりしている人までいる。この表情を見たときに、果たして楽しさを提供できていると言えるのだろうか？

私は皆さんにもっと笑顔になってほしい。皆さんの方から、あれ、もう一度やりたいわね、そう言ってもらえるような心躍る経験を提供していきたい。畑で見せてもらった力を、眠らせたままにしておくのはもったいない。

今回ファーム・リハビリテーションをやってみて、もう面白くないレクリエーションはやめることに決めた。子ども騙《だま》しの縁日のような遊びではなく、運動するときはきちんとボールを使ったり、視覚的に楽しめたりするものに変えていった。もちろん、外で活動できるメニューも増やしていった。

毎年秋になると、大自然の中で皆さんと食べたジャガイモの味がフラッシュバックする。収穫した思い出を、私はこれからもずっと大切にしていきたい。

膨らむ手帳

責任感がある人はとても素敵だと思う。責任感は、性格や育った環境だけではなく、職業柄強くなっていくこともあるだろう。責任感が人一倍強い人に共通する特徴としては、真面目だったり、頑張り屋さんだったり、自分に厳しかったりするということ。

そんな一面を持っているが故に、一人で背負いこんでしまって誰かに頼ることができない、それが責任感の強い人の唯一の弱点ではないだろうか。

介護施設で働くスタッフには、元看護師という経歴を持つ方が多い。総合病院から始まり、クリニックや町医者、そしてデイサービスというルートを辿っていくのがその一例である。

私が「脳いきいき教室」で出会った松本さんも、そんな一人だった。

松本さんは、看護師を定年退職してからはデイサービスに勤務していた。しかし、徐々に物忘れをするようになり、68歳の頃に認知症を患った。そんな松本さんは、忘れたくないということと、車の運転は自分でしたいという思いで診断の数年前からこの教室に来てくれるようになった。

また松本さんには、この教室と並行して、半年に1回の頻度で病院でも認知症のチェックを受けてもらうようにしていた。テストでは、計算や図形の問題を解いてもらったり、記憶力の確認をしたりする。

松本さんは、少しずつではあるものの、テストを受けるたびに結果が改善していった。松本さん自身にも、できる、分かるという実感があるのだろう。結果が出るたびに大いに喜び、テストそのものを楽しんでいた。まだこの頃は少し物忘れがあるくらいで、周りの人とのコミュニケーションはもちろんのこと、道に迷うこともなく買い物もしっかりできていた。

しかしダイエットでも停滞期があるように、認知機能についても平坦期というものが存在する。松本さんも、認知機能がある程度向上したあと、すっかり落ち着いてしまった。

そして時間の経過とともに、テストの結果は徐々に悪くなっていき、松本さんはどんどん不安に駆られるようになった。これまでは、メモをしっかり取っておけば、何か忘れてしまったとしても、メモを見れば思い出すことができていた。しかし今はいくらメモしても、書いてある内容自体が何を示しているのか分からなくなってしまったのだ。

そこからだ。松本さんが変わってしまったのは。

松本さんは、ありとあらゆることをメモするようになった。教室に来ている間、松本さんは手帳を常に開き、書き続けていた。毎日の予定は当然のこと、日常生活でどんなことがあったのか、大きなことから些細《ささい》なことまで一言一句漏らすまいと、びっしり手帳に書いていく。そうすると、もう普通の手帳ではページが追いつかない。手帳の間に新しい紙を挟み込んで書いていくうちに、松本さんの手帳はパンパンに膨れ上がってしまった。「忘れないよう頑張らなきゃ」それが松本さんの口癖だった。

この様子をそばで見ていた私はただただ苦しかった。なぜならそれは行き過ぎた努力だと分かってしまったからだ。

どれだけ必死に書いたとしても、その内容が頭に入らない。場合によっては、誰がこの文字を書いたのかさえ忘れてしまう。手帳に書けば書くほど、脳の記憶は消しゴムで消されていく。どうしてメモをしたのに分からないんだろう。忘れないようにと書き始めた手帳が、今や松本さんにとって重い足枷《あしかせ》となってしまったのである。

そんな状態が半年くらい経った頃、私は松本さんに告げた。

「自分自身で頑張るのはもうここまでにしませんか」と。そんな私の言葉に、松本さんはガックリと肩を落としてしまった。

「松本さんはとても頑張っています。いや、頑張り過ぎています。もう、手帳が辞書みたいになっていること、気づいていましたか？」と問いかけた。書けば書くほど不安になる手帳は、今の松本さんには必要ない。

「松本さん、頑張ることはもちろん素敵なことです。けど、もうちょっと周りを頼ってみませんか？」と提案した。頼るということこそ、松本さんが苦手としていることであり、そして今まさに必要としていることである。頑張り屋さんの松本さんは、頑張る方向を間違えていただけなのだ。

「どれだけ家事が得意な方でも、たまにはお惣菜《そうざい》を買ったり、出前を取ったりしますよね。毎日完璧なご飯をつくり続ける必要はないんですよ。今度は頼ることを頑張ってみませんか？」と伝えると、松本さんはぼろぼろと涙を流していた。

「私は看護師だったから、人に頼るのは申し訳ない、人に頼ってはいけないって、ずっと思って生きてきたの。だから人生のどこかに、頼るということを置いてきてしまったのかもしれないわ。私この歳になって、今さら人にどう頼っていいのか全然分からないの」と嘆いていた。

これまで看護師としてずっと誰かを支える側だった松本さん。

確かに、すぐに切り替えるのは難しいかもしれない。また松本さんは、独身で一人暮らしだったため、頼れる親族もいない。私たちはこうして袋小路に追い込まれてしまった。

すると「松本さん、私がいるじゃない！」と、近くで私たちの会話を聞いていた林さんが、声をかけてくれた。林さんは、松本さんを教室に誘った高校の同級生で、松本さんにとっては言わばキーマンのような方だ。何かにつけて林さんが、松本さんを色んなところへ引っ張り出してくれる。

「松本さん、あなたが忘れそうになったとき、私が今日は教室の日よって連れて行くことがあるでしょう？　そして私が忘れているとき、あなたが電話で教えてくれたりするじゃない。私、すごく助かっているのよ」と林さんは笑顔で言った。

認知症が進んだ自分でも、誰かの役に立っているなんて思いもしなかった。林さんの言葉に、それまでとめどなく流れていた松本さんの涙が止まった。

「私たち、せっかく近くに住んでいるのだから、もっと私を頼ってくれたらいいのよ」という言葉に、松本さんはハッとした。

「私、家族という形ばかりに囚われて、自分には頼れる人なんていないと思い込んでいたわ。だから自分一人で頑張らなきゃっていつも必死にもがいていたのかもしれない。こんなに近くに、家族と同じくらい大切な人がいることに気づけて、私は幸せ者ね」と語る松本さんの目から、再び涙が溢れてきた。悲しみの涙は、いつの間にか嬉し涙に変わっていたのだ。

その後も松本さんの認知症の症状は、徐々に進んでいった。お金の計算が苦手になったり、道に迷い始めたり、日常生活に支障をきたすようになり、そうして松本さんは施設に入ることになってしまった。

施設に入るまでの半年間は、自分の思い通りにいかないことが多く、松本さんにとっては本当に辛く厳しい時期だったに違いない。

けれどその時期を乗り越えることができたのは、友人である林さんが、いつも近くで松本さんに寄り添ってくれていたからだ。そうした辛い時期を、こんなにも心穏やかに過ごせた人を私は知らない。

認知症は、松本さんを完璧主義から解放し、頼るということを教えてくれた。

そして自分にとっての大切な人が誰であるかも教えてくれた。

認知症になると、確かに自分も周りの人も振り回されてしまう。

しかし、認知症が見せてくれる世界というのも確実に存在すると私は思う。

中華料理店のおやじとスポーツカー

自分の大切な人を介護していると、苦しくてたまらないときがある。その苦しみから逃れたいがために、施設へ入れることを考えるのだが、そのことに対してもまた葛藤が生じてしまう。このように八方塞がりとなって、一人で悩み苦しんでしまうケースが、悲しいことにたくさん存在する。

15年くらい連絡を取っていなかった黒木さんから、熊本に行くから会いたいというメッセージが入った。黒木さんは、宮崎市で中華料理店を営んでいるのだが、私が熊本へ引っ越してからはなんとなく疎遠になっていた。あまりいい話題じゃないかもしれないな、と私は黒木さんのメッセージからそんなことを感じ取っていた。

「川畑さん久しぶり！」と、待ち合わせの喫茶店で呼びかけられて、顔をあげると、15年前とほとんど変わらない、体格の良いスキンヘッドの黒木さんの姿がそこにあった。私の心配は杞憂《きゆう》だったかもしれないな、としばらくは思い出話に花を咲かせていた。

しかし、飲み物が運ばれてくる頃には黒木さんの顔は神妙になり、「実は、妻が認知症になって、今は要介護4だもんね」と、奥さんの状況を少しずつ話し始めた。要介護4とは、5段階のうちの上から二番目であり、奥さんは日常生活の多くにサポートを要する状態であることを意味する。

「川畑さんが熊本へ引っ越してちょっと経った頃に発症したから、もう10年以上も前の話やけどね」という黒木さんの言葉に私は驚いてしまった。

当時、確か奥さんはまだ50代で、看護師の仕事をしていたはずだ。つまり、かなり若い時期に認知症を発症していたということになる。

「やる気がないなとか、ボーッとしやすいなとか、その程度にしか思っていなかったけど、まさか認知症だったなんて。今はときどきデイサービスを利用しながら、包括やケアマネさんにもサポートしてもらっとるんよ」と言いながら、黒木さんはそこでつまってしまった。

「俺の介護度は、もう介護9・5よ」と、少し間を開けて黒木さんはそう私に言った。日々の介護に疲れてしまい、10段階のうち、9・5のギリギリのところに立っていると言いたかったのだろう。

私はその直後「そっかあ。9・5かあ」とオウム返しをすることが精一杯で「なるほどですね、マスター頑張っていらっしゃったんですね」と追加の言葉を出すのにしばらく時間がかかった。

現状、奥さんの介護で一番大変なのはトイレだそうだ。朝の早い時間、仕込みまではまだ時間があるから本当はもっと寝ていたいが、その気持ちを我慢してトイレへ連れて行く。そのときにできればいいけど、タイミングが合わず全然出なかったり、洗面所の鏡に映った自分とお喋りしているなと思って目を離すと、その隙にトイレを失敗し漏らしていたりするという。

「マスター、そんな大変なときってイライラしちゃいますか?」と黒木さんに尋ねると、「うん。イライラするわな。ときどきな、悪いと分かっていても強くあたってしまうこともあるなあ」と涙をにじませながらそう答えた。

「叩きたくなっちゃいますかね?」と、私が黒木さんに優しく語りかけると

「そうなあ」と答えが返ってきた。

「ねぇ、マスター。マスターは何に対してイライラしているか、頭の中で整理がついているから大丈夫ですよ。マスターはトイレの失敗にイライラしているのであって、奥さんの存在に対してイライラしているわけではありませんよね？」という私の言葉に、黒木さんは人目も気にせず、わんわん泣き出してしまった。

真面目に介護を頑張っている人ほど、追い詰められて叩いてしまうことがある。そうやって叩いてしまうのは、人間に備わった一種の防衛反応であり、自分を守るための手段なので、一方的に責めることはできない。

「マスターは奥さんのことまだ愛せていますか？」という問いかけに、黒木さんは無言で首を縦に振って答えてくれた。

認知症になっても明るさは以前と変わらず、今はデイサービスで、職員のマイクを取り上げて歌い踊り出すのだそうだ。黒木さんは「あいつは、自由気ままないい人生だもんな」と付け加えた。

そろそろ特別養護老人ホームも検討した方がいいのではないか、とケアマネージャーからアドバイスされた黒木さんだが、奥さんを家に置かないという選択をすぐにはできなかったそうだ。

試しに1週間ほどショートステイに入れようとしたが、施設では全く寝てくれず、先方に匙《さじ》を投げられ期間満了前に戻ってきたという。

「けどな、家ではぐっすり寝るもんな。俺はその様子を見て、やはり施設に入れてはいかんのかなと思ってしまったんよ」と語るその様子から、黒木さんの中で葛藤はまだ続いていることが分かった。

「けど、マスターは介護9・5ですよね？　だったら施設入所の話はやっぱり進めとかんとですね。家で奥さんがホッとできる場所を確保しながら、入所の準備ばしていけばいいんですよ」と伝えると、「それは、俺が介護から逃げたことにならんかね？」と、真っ直ぐな目でこちらを見つめてきた。「逃げるわけではないんです。次のステップに進んだということですよ」という私の言葉に、黒木さんはどこかホッとした様子だった。

今はまだ、トイレの問題だけで済んでいるが、今後はコミュニケーションの不安が遅かれ早かれ出てくるだろう。奥さんとの声での会話が難しくなり始めるリミットが徐々に迫ってきている。

「だから今がちょうどそのタイミングだと思いますよ」と、私は忌憚《きたん》のない意見を述べた。

私は普段から予後予測の観点で、つまり一歩先を見据えた介護のあり方をアドバイスしている。なぜなら後手《ごて》の介護になってしまうと、本人にとっても家族にとっても負担が大きくなるからだ。

「はっきり言ってくれてスッキリした！　帰ったら、早速施設の手続きを進めんとな」と元気よく答えてくれた。黒木さんの介護への迷いは、これで断ち切ることができたようだ。やはり踏ん切りがつかなくて、私のところへ来てくれたのだろう。納得のいく答えが出て本当に良かったと思う。

「実は妻が認知症になる少し前に、スポーツカーを買ったんよ。あいつはドライブが好きだったから、色んな景色を見せてやりたかったんやけどな。この夢は俺の中だけで終わってしまうのかな」と、黒木さんは少し寂しげにつぶやいた。

「その夢をサポートするのが私たち介護に携わる人間の仕事です。せっかくの夢なんですから、スポーツカーを仕入れだけに使うのはもったいないですよ」

と、私は黒木さんを励ました。

「マスターの今の楽しみってなんですか？」と尋ねると、「お酒だな。焼酎を飲むのが好きなんよ」と言いながら、手をコップに見立てて、クイッと飲む仕草をしてみせた。

「今度焼酎を持って、家族でマスターの中華料理ば食べに行きますね。マスターに1本、マスターのこれまでの頑張りに1本、そしてこれからの頑張りに1本、必ず3本持って行きますからね」と言うと、「もう、今日は悲しくなったり嬉しくなったり気持ちが忙しかね。今日だけは酒ば飲まんでも大丈夫たい」と言って、笑いながら涙を拭った。久しぶりの再会が、黒木さんの介護人生にとってターニングポイントとなってくれたのなら、こんなにも嬉しいことはない。

介護で迷ったとき、困ったときは必ず誰かに相談してほしい。一人で悩んでしまうと必ず追い込まれてしまう。イライラを自分の中で上手に逃しつつ、ケアマネージャーや地域包括支援センターなどに頼ってみよう。

皆さんからのSOSを、私はこれからも一つずつすくい上げていきたい。大切な人の介護をしているあなたもまた、大切な存在なのだから。

あなたに生かされた命

ある一つのチラシが目に入った。

「これで最後にするからね、母さん。そしたら私たち、きっと楽になれるから」と心の中でつぶやきながら、小林さんは壁の向こうですやすやと眠っている母親を見つめていた。そして震える手で、チラシに書いてあった日付と場所をメモした。

私は、様々な地域で認知症をテーマにした講演を行っている。

厚生労働省の新オレンジプランという政策がある。認知症への理解を深めるための啓発活動の一つであり、その一環として地域包括支援センターが講演会を計画し、実施している。どの講演会もだいたい40人ほどの規模であるが、私自身どんな人が聞きに来てくれるのかは、当日になってみないと分からない。たまたま、同じ地域で2回講演会を行ったことがあった。1回目はいつも通りの講演をして、質疑応答についても滞りなく終わった記憶があった。その1年後、また依頼があったので、2回目の講演では大切な部分はおさらいしながらも、去年と違う話を盛り込むようにした。

2回目の講演会終了後、小林さんという60代の女性がお礼を言いに来てくれた。てっきり今日の講演会のお礼とばかり思っていたので、私も来てくれたことへの感謝の気持ちを伝えたのだが、小林さんは慌てて首を横に振った。

「もちろん今日の講演会も素晴らしかったんですけど、私がお礼を言いたいのは、一年前の講演会のことなんです」と言う小林さんに、「あれ？　去年の方が分かりやすかったですかね」なんて私はおどけてみせたが、「そういう意味じゃないんです。実は去年のあなたの講演会を聞きに行く前に、心に決めていたことが一つだけありました」と、小林さんは真剣な眼差《まなざ》しで私を見つめ、自分の胸の内をゆっくりと話し始めた。

小林さんはこれまでたくさんの認知症に関する講演会を聞いてきたものの、

お母さんを介護していく上で、これだったら実践できるなとか、辛い介護から抜け出せるかもしれないなと思えるものは一つもなかったそうだ。そして、終わりの見えない介護に少しも希望を見いだせない日々を送っていた。そうした中で、私の講演会のチラシが目につき、去年初めて聞きに来てくれたという。

そこから1年が経過し、こうして再び来てくれたわけなのだが、今目の前に立っている小林さんの口から、私は衝撃的な言葉を聞かされた。

「去年、これでダメならもう母と一緒に死ぬつもりだったんです」と、涙交じりに放った一言に、私は言葉につまってしまった。

「川畑さんの講演会を聞いても、母のことをどうしても許せない自分がいたり、介護をうまくできる自信が湧いてこなかったりしたら、もう母と一緒に死のうと決めて、一年前の講演を聞いていました」と話す小林さんに、私は「そ、そうだったんですね」と絞り出すのがやっとだった。なぜなら、涙でうまく言葉が出てこなかったからだ。小林さんの涙につられたわけでは決してない。私自身の奥深いところからとめどなく涙が溢れ出てきたのだ。

「今、ここにいらっしゃるということは、そのときに思いとどまってくれたということですね」と必死に手で涙を拭いながら尋ねると、「そうです。あの講演会で初めて、母が何を考えているのかが分かったんです。私と母が見ている世界は、同じ場所、同じ時間を共有しながらも全く違うものだということを、川畑さんが教えてくれたんですよ。そこから日常のあらゆるシーンにおいて、母は今何を感じているのだろうと、真剣に考えるようになりました」と、小林さんはお母さんと過ごした時間に思いを馳せながら、とても優しい表情で私に話してくれた。

ご飯をぼんやり見て全然箸をつけようとしなかったのは、実はごま塩を虫だと勘違いしていたり、そもそもご飯をどうやって食べたらいいのかが分からなかったり、紐解いてみると難しいことは何一つなかった。そうやって少しずつお母さんの頭の中が見えてきて、以前は全くできなかった会話が成立するようになったそうだ。

「私は母を殺さずに済みました。川畑さんには本当に感謝しかありません」と話す小林さんの姿を、私は溢れ出る涙で直視することができなかった。これまでの講演会では、介護のコツが分かりましたとか、もっと優しくできそうですとか、そのような感想は山のようにもらってきた。そんな中で、私の講演会で命を救われたと聞いたのは、このときが初めてだったのだ。私の講演会が最後の90分になったかもしれないという考えが、頭の中を駆け巡ったとき、私は鳥肌が立った。介護と真正面から向き合っている家族の方が、絶望から死へ直面し、そしてそこからまた生きることを決めたまさにその瞬間に、自分が関わっていたなんて。

「そんな思いで聞いてくださっていたとは、当時は考えもしませんでした」と申し訳なさそうに話す私に、「帰ってから母に優しくできる自信があったからこそ、そのときはお礼を言わなくてもいいと思ったんです」と、ハンカチを差し出して、「もう大丈夫だから、安心してくださいね」と、小林さんはそっと私の肩に手を添えてくれた。お礼を言われたのは私の方なのに、「ありがとうございます。生きていてくれて本当にありがとうございます」と、顔をくしゃくしゃにしながら何度も小林さんにお礼を言った。

認知症の講演会というのは、症状の説明や対応に関するものが多く、そこには当事者の視点がスッポリと抜け落ちている。本人がいかに不安に思っているのか、本人がどれだけ頑張ろうとしているのか、そのような話を聞くことはできない。

しかし私は、認知症の症状だけではなく、認知症の人についても話している。

そうやって「人」の部分に焦点をあて伝えていかないと、どうしても視線が一方通行になってしまうのだ。おそらく小林さんはそんな一方通行の講演を多く聞いてきたのだろう。

誰も認知症の人を責めたり傷つけたりしようとは思っていない。家族はよくあってほしいと願っている。それにもかかわらず、介護がうまくいかないことが続くと、どうしてもコントロールしようとしてしまう。介護者が認知症の人を責めてしまうのは、自分を保つための防衛本能が働いてしまうからだ。

それが原因で、ネグレクトになったり過介護になったりすることが起きてしまう。認知症をケアしていく上では、自分と相手の視線の方向や世界観の違いを考えていくことが全ての基本となる。

これまで私は、認知症の方が見ている世界を一つずつ丁寧に伝えてきた自覚はもちろんあったが、この啓発活動が、人の命を左右するきっかけになる活動であるということを、理解できていないまま講演していたように思う。

しかし、小林さんと出会って、自分の活動の重要性が本当の意味で分かった気がした。小林さんは私に生かされたと言ってくれたけど、私の方こそ、小林さんに目醒《ざ》めさせてもらったのだ。

それ以降、私は小林さんに会っていない。それは小林さんが、今でも上手に介護と向き合えているということを意味している。小林さんと別れたあと、私は自分に与えられた役割について改めて考えてみた。

そして、「私にとって認知症ケアに携わることはきっと天職に違いない」、そう確信した。

だから私はこれからも認知症と向き合い続けるのだ。まだ見ぬ助けを必要としている人のために。

おわりに

介護保険制度が2000年に導入されてから、介護はある程度プロに任せて、家族は優しく接しようといわれるようになりましたが、認知症の方への対応策を家族に伝えず、スタッフだけで共有してしまいがちな現状に警鐘を鳴らしたいです。

現場では知識と経験をぶつけ合いながら解決策を見つけることができますが、家族は介護から離れているため経験が不足し、向き合うことが難しくなってしまいます。

分からないなりに頑張る家族、経験値は高いけれど家族やチームにケアのスキルを共有しない専門職という構図に違和感を感じています。

そのような溝を埋めていくためには、介護をしているプロが橋渡しをしていく必要があるのではないでしょうか。

デイサービスや認知症専門棟で働く専門職の方々は、大変なケースや、なるほどなと思うケースをたくさん見る機会があるはずですが、それらを充分に活かしきれていないのではないかと感じています。

目の前の問題を解決したら、次の問題へ移ってしまって、そもそも今後に活かそうという目で見ていなかったり、忙しさのあまり記録に残していなかったりして、あの人は認知症だから仕方がないねと、言動や行動の理由や本人の思いを考える機会を自ら減らしてしまってはいないでしょうか？

実は私も、理学療法士になりたての頃は、意思が通じてこちらの思いを言葉で理解してくれる人はいいけれど、認知症と診断された方のリハビリに関しては、うまくいかないから、大変だな、いやだなという考えを持っていました。

しかしそれはあまりにも自分の都合で患者さんを見ていたと反省しています。

脳の働きに問題がないはずの私が、認知症のことを正しく認知できていなかったのです。

最初の病院や学生時代の実習での患者さんに対して、対応の仕方が言葉足らずだったと申し訳ない気持ちでいっぱいです。

私たち専門職の人間は1日の勤務時間が終わると仕事から解放されますが、

認知症の方や家族は24時間向き合い続けなければなりません。そのようにずっと不安を抱えている方に対して、私たちが先に諦めてしまってはいけないのです。

本書に登場した素敵な皆さんのおかげで、私は自分の考えを180度変えることができました。

それぞれのエピソードは私にとってどれも大切で、かけがえのないもの。これからもずっと仕事をする上での心の糧となっていくでしょう。

介護をしていると、高齢者の方たちは身体の状態をご自身の表現で伝えてくれます。たとえば「膝が痛い」と言うのではなく、立ち上がった瞬間によろけたり、歩きづらそうにしたり、そのような場面に出くわすと、私は「見せてくれてありがとうございます」というとても温かい気持ちになります。自分の大事な身体の様子を他人である私に教えてくれることに対して、心から深く愛おしく感じるのです。

世間一般的には神様というのは、白髪で杖をついている老人のイメージを持っている方が多いのではないでしょうか。介護の仕事はやはり大変なことは多いですが、私は神様にお仕えしているような気持ちで、自分の仕事にやりがいと誇りを常に持って臨むことができています。

人生の終盤を迎えつつある中で、これまでの知識が使いづらくなり、それでもなお一生懸命忘れないようにと必死で頑張る人たち。何度も繰り返し聞くのは、認知症のせいだからではなく、覚えておきたいから。

そのように頑張る人たちに対して、私たちがどこまで一緒に伴走できるのでしょうか。私たちがどれだけ寄り添えるのでしょうか。

また同時に、疲れ切って息絶えようとしている介護者がいるという事実も見逃してはいけません。もう私たち専門職だけでは手が足りず、地域の皆さんの力が必要な段階になっています。

みんなで力を合わせていけば、認知症は決して恐れるものではありません。いつか認知症という言葉を使わなくても良くなる世の中にしていきたいと、本気で思っています。

医療介護の現場でともに切磋琢磨《せっさたくま》した素晴らしい仲間はもちろんのこと、中には反面教師のような同僚もいましたが、そういった人も含めてとても感謝しています。

そして、今まで出会った患者さんたち、認知症の方もそうでない方に対しても、本当に感謝しかありません。私に誰かをケアすることの素晴らしさと尊さを教えていただきありがとうございます。

また、いつも公私ともに支えてくれている妻をはじめ、このたび私にとって初めての実話をもとにしたエッセイ集というチャレンジングな出版の機会をくださった光文社ノンフィクション編集部の千美朝さん、構成と撮影をしてくださった照宮遼子さん、関係してくださった全ての方々に、この場をお借りして心からお礼申し上げます。

2023年1月
川畑　智

本書は書下ろしです。

デザイン　廣田萌（文京図案室）
構成・写真　照宮遼子

川畑智　かわばたさとし

株式会社Re学（りがく）代表取締役。理学療法士。

平成14年、熊本リハビリテーション学院卒業後、国家資格「理学療法士」を取得。急性期・回復期・維持期のリハビリに携わる。病院・施設勤務の経験と、地域づくりやまちづくり、社会福祉協議会勤務の経験を活かし、水俣病発生地域における介護予防事業（環境省事業）や、熊本県認知症予防モデル事業プログラムの開発を行う。

平成27年、株式会社Re学を設立。熊本県を拠点に、病院・施設における認知症予防や認知症ケアの実践に取り組むと共に、国内外における地域福祉政策に携わる。

全国各地での講演活動にも力を注ぎ、介護予防に関する普及啓発活動や研究活動を行っている。

著書に『川畑式 50歳からの物忘れしないパズル』『マンガでわかる! 認知症の人が見ている世界』など。

さようならがくるまえに

認知症《にんちしょう》ケアの現場《げんば》から

二〇二三年二月二八日　初版第一刷発行

著者　川畑智《かわばたさとし》

発行者　三宅貴久

発行所　株式会社 光文社

〒一一二−八〇一一

東京都文京区音羽一−一六−六

編集部　〇三−五三九五−八一七二

書籍販売部　〇三−五三九五−八一一六

業務部　〇三−五三九五−八一二五

メール　non@kobunsha.com

落丁本・乱丁本は業務部へご連絡くだされば、お取り替えいたします。

組版・印刷所　萩原印刷

製本所　国宝社

ISBN978-4-334-95364-5